朝日新書
Asahi Shinsho 556

隠れ貧困

中流以上でも破綻する危ない家計

荻原博子

朝日新聞出版

はじめに　老後破産につながる怖いお金の習慣病

贅沢をしているつもりはないけれど、どういうわけか全く貯金ができない。財布の中にあったはずのお金が、いつのまにか消えている。今はそこそこに暮らしているけれど、貯蓄は少なく、たっぷりあるのは住宅ローン。自分や家族に何かあったときのこと、先々のことを考えると不安でたまらない。いや、考えないようにしている……こうした人は、もしかしたら「隠れ貧困」かもしれません。

「隠れ貧困」とは、一見すると普通の生活ができているのですが、このままだと将来、貧困に陥る可能性のある「貧困予備軍」のことです。高血圧を放置していると重篤な病気にかかる恐れがあるように、隠れ貧困とは、放置していると「下流老人」に転落しかねない危険なお金の生活習慣病なのです。

貧困には、「絶対的貧困」と「相対的貧困」があります。「絶対的貧困」とは、1日1・

25米ドル未満で生活しなくてはならず、食べるのにも事欠く貧しさのこと（世界銀行の定義）。一方の「相対的貧困」とは、国民の所得分布の中央値の半分に満たない世帯、つまり、その国の「平均的収入の半分以下の人」ということです。

日本ではこの「相対的貧困」の率が年々上昇しています。統計を取り始めた1985年には、この「相対的貧困」の率は12％でした。ところが、その後じわじわと増え続け、2012年には16・1％まで上昇しています。16・1％といえば、6世帯に1世帯が「相対的貧困」の状況にあるということです。貧困世帯の増加は、子どもの貧困にも顕著に表れています。1985年には10・9％だった子どもの貧困率は、2012年には16・3％となり、OECD加盟国34ヶ国のワースト10に日本は入っています。

貧困の広がりとともに、数字に表れてこない「貧困予備軍」の数も増えていることが予想されます。その根拠は、いま、日本の家庭の約3割が、貯蓄のできない状況にあるということです。金融広報中央委員会の調べでは、貯蓄ゼロの家庭は現在30・9％もあります（2015年調べ、二人以上世帯）。約3軒に1軒は貯蓄できていないということです。貯蓄ゼロの家庭を前述の「相対的貧困」の率に重ね合わせてみると、1985年には貯蓄ゼロ家庭が4・5％で、「相対的貧困」の家庭は12％でした。つまり、「相対的貧困」といわれる家庭の中にも、貯蓄のある家庭はかなり多かったということです。ところが現在は、貯蓄ゼロ家庭が30・9％で、「相対的貧困」の家庭の約2倍あります。

こう書くと、「それは収入が少ないから貯金ができないのだろう」と思われる方が多いと思います。ところが、年収が多くても貯金できないという家庭が意外に多いのに驚きます。金融資産ゼロの家庭の割合を年収別に見ると、年収７５０万円以上１０００万円未満で11・2％、１０００万円以上１２００万円未満で13・5％、１２００万円以上では11・8％。なんと、年収が１０００万円以上の7軒に1軒、１２００万円以上でさえ1割以上の家庭が、貯蓄できていないというのですから不思議です。

貯蓄ゼロだと、もし何かお金の必要なことが起きたら、借金をしなくてはならないでしょう。返済できればよいのですが、もともと貯金ができないのですから、借金を返すというのはなかなか難しい。そうなると、借金を返すためにまた借金を重ねるというアリ地獄へ一直線です。そうでなくとも、子どもの教育や住宅費、そして老後の備えと、貯金なしでやっていけるという人はいないといっていいでしょう。

なぜ、収入が人並みかそれ以上にあるにもかかわらず、将来の見通しが真っ暗な「隠れ貧困」を抱えている人が多いのか。なぜ、現実を直視しない人が多いのか。

本書はこの疑問から出発し、様々な方々を取材しながらデータを集め、主に40代、50代の働き盛りが直面している問題の実態に迫りました。

そこから得られたエピソードとデータを踏まえ、こうした人たちが、どうすれば「隠れ貧困」に陥らず、安心して豊かな生活、明るい老後を迎えることができるのかという方法を、私なりに提案しています。

少しの気持ちの切り替え、少しの知恵で、人生は変えることができます。

本書が、皆さんの生活を安定させ、豊かな暮らしの一助となれば幸いです。

２０１６年2月

経済ジャーナリスト　荻原博子

あなたも「隠れ貧困」？　簡単チェックシート

★手取り年収はどれに一番近いですか

1500万円	…	5点
1000万円	…	4点
800万円	…	3点
600万円	…	2点
400万円	…	1点
100万円	…	0点

★貯蓄額はどれに一番近いですか

1500万円	…	6点
1000万円	…	5点
700万円	…	4点
500万円	…	3点
300万円	…	2点
150万円	…	1点
なし	…	0点

★毎月の手取りからどれだけ貯蓄していますか

収入の30%	…	5点
20%	…	4点
10%	…	3点
5%	…	2点
0%	…	0点
キャッシングしている	…	－1点

（次ページに続く）

★住宅費（賃貸・ローン）は毎月の手取り収入の何%？

親と同居などでかからない	…	5点
収入の10%	…	3点
20%	…	2点
30%	…	1点
40%	…	0点

年齢や家族形態、職業や住宅ローンの状況で一概にはいえませんが、

トータルで7点以下は「隠れ貧困」の可能性あり！

◎たとえば、手取り年収が800万円（3点）あれば、月々の収入の20%がローン（2点）でも貯蓄する余地はあるはず。かりに月々の貯蓄がゼロ（0点）でも、貯金が500万円（3点）あれば貧困ではないが、200万円（1点）なら隠れ貧困。

◎親と同居（5点）し、年収が400万円（1点）でも安心はできない。貯蓄は200万円以下（1点）で毎月貯金ゼロ（0点）というのは、一見収入はあるが、浪費家なのでいずれ立ち行かなくなる隠れ貧困。

まずいなと思ったら、目次から本編へ！

隠れ貧困　中流以上でも破綻する危ない家計

目次

第3章　一見リッチな50代を蝕む「隠れ貧困」

第4章　お金の怖さを知る人、知らない人

第5章　「隠れ貧困」対策編　どうしてもお金が貯まらない

第6章　「隠れ貧困」対策編　ローン、借金を減らすには

第7章　「隠れ貧困」対策編　老後資金の不安に答える

第8章　「隠れ貧困」対策編　病気や介護に備える

第1章　高収入でも貧困が忍び寄る40代

下を向いて踏ん張ろう

国民的な人気歌手の坂本九さんが歌った「上を向いて歩こう」。この歌が大ヒットした1960年代、カラーテレビが登場し、首都高速道路が開通し、東京オリンピックを目前にして、世の中は明るい光に包まれていました。そして、この歌を口ずさみながら育ったのが、今の団塊の世代です。

日本全体がまだ貧しかった時代。けれど、「上を向いて歩こう、涙がこぼれないように」つまり、上を向いて歩けば幸せは「空の上」にあると歌われる歌詞は説得力があり、多くの人に勇気を与えました。

大戦後のベビーブーム（1947年～49年）に生まれた団塊の世代は、日本の高度成長とともに歩んだ世代でもあります。苦しくても、頑張ればたいてい何とかなった時代、努力の末に幸せをつかんだ世代でもあります。

会社で大過なく勤め、子どもを育て上げ、多くの果実を得た団塊の世代は、その体験を踏まえ、子どもたちである団塊ジュニア世代（1971年～74年生まれ）にも、「努力は報われる」と教えてきました。

1990年代から失業率と求人倍率は悪化

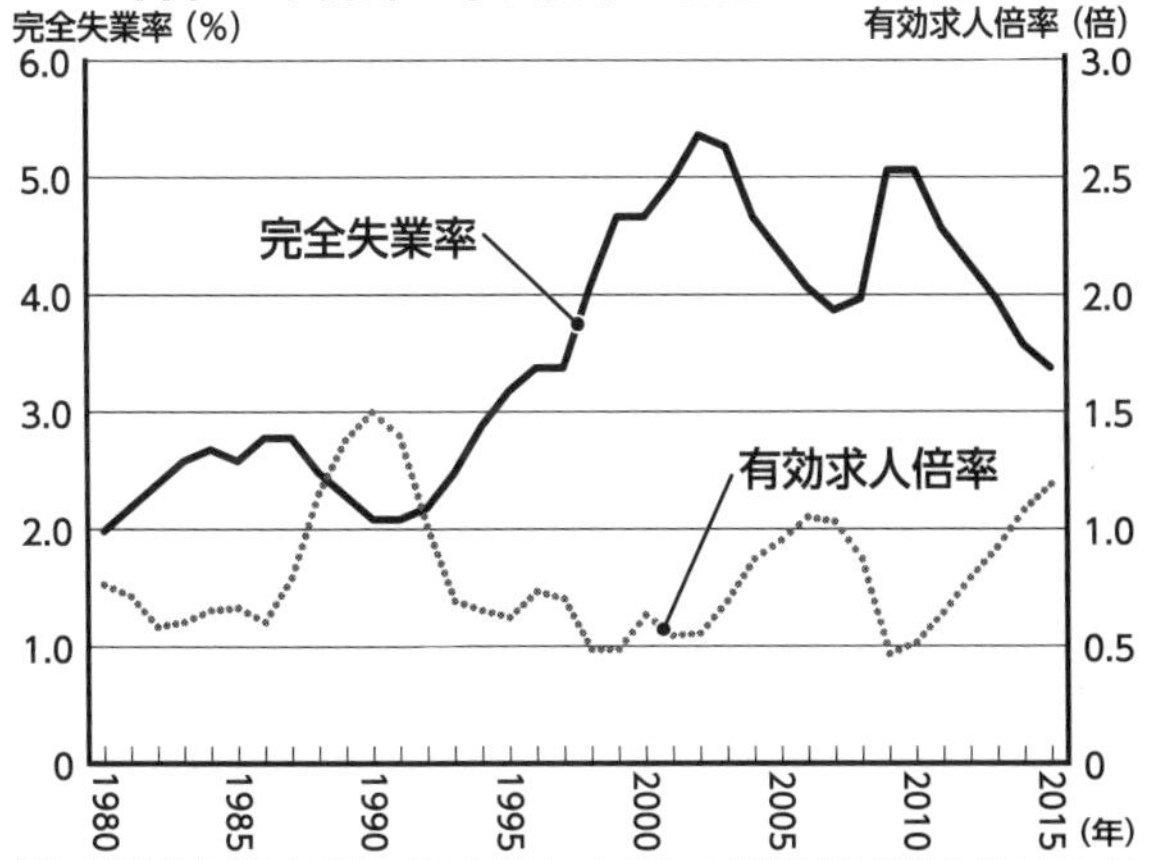

（出典・総務省統計局「労働力調査　長期時系列データ」、「男女、年齢階級別常用職業紹介状況（有効求人倍率）」、厚生労働省「一般職業紹介状況」）

団塊ジュニアは、幼い頃からその価値観を刷り込まれ、「一生懸命に頑張れば、自分もいつか父や母のように幸せをつかめる」と信じていました。受験や運動会で頑張り、大学でもしっかり授業に出席してそれなりの成績を取り、バブル時代の売り手市場から一転して厳冬期となった就職活動も正攻法で頑張って内定を獲得しました。

ところが、団塊ジュニアが社会に出て、幸せでバラ色であるはずの空を見上げると、そこには、失われた20年とリストラという平成の大嵐が吹き荒れていました。山一證券や北海道拓殖銀行といった著名企業の相次ぐ破綻《はたん》を前にして、多くの企業が新規採用を抑制し、希望退職者を募り、正社員を減らして解雇しやすい派遣社員を増やし、賃金を抑制しました。

終身雇用どころかいつリストラにあうかとビクビク、年功序列から能力給へと、とどまるところを知らない暴力的な嵐が、団塊ジュニア世代を襲いました。それは、父親世代が教えてくれた社会とは違うものでした。

夢を抱いて社会人となった団塊ジュニアは、その暴力的な現実を前にして、「上を向いて歩く」どころか、「下を向いて踏ん張る」ことで、精一杯現状維持するしかない人生を歩まざるをえなくなったのです。

団塊ジュニアは現在40代前半。大企業に就職し、同世代の中では「勝ち組」とされ、一見すると豊かに見える家庭にも、このままでは生活が破綻しかねない「隠れ貧困」が多くみられます。マイホームを持ち、子どもに教育を授け、旅行などレジャーを楽しむ。両親が享受してきたそんな「当たり前の幸せ」が、薄情なことですが、いまや大きなリスクを伴うものになっているのです。その背景を探りたいと思います。

「年収800万円」の内実

長谷川二郎さん（仮名・42歳）は、中堅銀行の課長。誰もが知る大学を出て、本部勤務でシステム部門を担当し、年収は800万円。専業主婦の妻・友紀子さん（仮名・38歳）、小学校6年生（12歳）の女の子、小学校4年生（10歳）の男の子、小型犬一匹の4人家族です。

一流大学を出ても就職が難しい現実を見てきた長谷川さん夫婦は、できれば子どもたちには語学など、他の子どもよりも秀でたものを身につける教育を、早いうちから受けさせるべきだと思っています。本人が望むなら、海外に留学させてあげたいとも思っています。ですから、子どもたちはふたりとも中学受験の塾に通わせるだけでなく、週に2回は外国人教師と話ができる英語塾に通わせています。その費用が、月にふたりで6万円ほどかかっています。

ただ、子どもの教育費はこれだけではなく、学校の教材費や給食費、修学旅行の積立など様々な出費があります。さらに、他の子と比べても恥ずかしくない服装や持ち物を揃えてやるとなると、子どもにかかる費用だけで月10万円ほどになります。

長谷川さんの年収は、800万円。国税庁の「民間給与実態統計調査」（2014年）によると、40代前半男性の平均年間給与は563万9000円ですから、40歳で800万円というのは高い部類に入るのでしょう。しかし、ここから税金や社会保険料などを差し引いた手取りは、年収にすると600万円ほど。額面では多く見えても、手取り換算すると月々35万円、夏と冬のボーナスがそれぞれ90万円といったところです。

手取りで月々35万円あればそれなりに豊かな生活ができるはずなのですが、長谷川家の場合には、その約3割が子どもにかかるお金として消えていきます。それでも、大きな出費がこれだけなら、やり繰りすれば貯蓄もできるはずですが、長谷川家にはもうひとつ、どうしようもなく頭の痛い出費があります。それが、住宅ローンです。

手取り35万円でも毎月カツカツ

長谷川さんは、下の子どもが生まれた10年前に、都内の4000万円のマンションを35年ローンで買いました。銀行員ということもあって、頭金200万円で、3800万円の住宅ローンを組んだのですが、勤めている銀行からの借り入れなので、比較的安い金利で借りることができました。

返済額は月々9万円弱、ボーナス時に約20万円。住宅ローンを借りたとき、これで勤めている銀行を辞められなくなったと思いました。

当然ですが、銀行マンですから住宅ローンの知識はあります。けれど、実際に買ってみると、住まいの費用は住宅ローンの月々9万円だけでは済まないことを痛感しました。管理費、修繕積立金、固定資産税に加えて、借りている駐車場代の2万円も支払わなくてはならず、月の出費は約13万円になります。手取りで35万円あっても、子どもにかかるお金と、住まいや駐車場にかかるお金が6割以上を占めるのです。

残りの12万円の中で、生活のやり繰りをしなくてはなりません。内訳は、長谷川さんの小遣い3万5000円と友紀子さんの小遣い（主に美容代）5000円。残りの8万円の中で、食費を月4万円に抑えたとしても、水道、ガス、光熱費、電話代などの通信費に4万円はかかるので、月々の給料はすべて消え、カツカツです。

加えて、月に2回は外食をすることが習慣化していることと、冠婚葬祭など付き合いでの出費、車のガソリン代などで、月に2万円ほど赤字になっています。その月々の赤字は、ボーナスで補填《ほてん》しています。

ボーナスは、手取りで年間180万円あるのですが、住宅ローンのボーナス払いが1回20万円あるので年間40万円かかり、生活費の赤字として約25万円が使われ、さらに年払いにしている生命保険料や自動車保険料などで年間25万円ほどが消えます。

残りは約90万円ですが、意外とかかるのが、年1回のお互いの実家への帰省費用。

長谷川さんの実家は名古屋なので車で帰れるのですが、友紀子さんの実家は北海道。飛行機で家族で帰省するとなると、その費用だけでもバカになりません。帰省費用だけでなく、お土産代やお年玉などを合わせると、トータルで20万円はかかります。

さらに、家族で年一回は旅行に出かけたり、子どものサッカーの応援や友人家族とのレジャーなどで10万円。家電が壊れたり、風呂の修理が必要だったりと、意外な出費が年間10万円。加えて長谷川さんのスーツやワイシャツ、友紀子さんの洋服も必要ですし、体調が悪くなれば当然医者にもかかります。

結局、額面で800万円あっても、実際に年間で貯金できる額は、下手するとゼロ、多くてせいぜい50万円といったところなのです。

10年間に実質手取りが50万円以上減

長谷川さんも友紀子さんも、決して浪費家ではありません。バブルを経験している世代には、浪費のために破綻していくタイプが多いのですが、現在40歳前後でバブルを知らない長谷川さんたちの世代は、質素な生活が当たり前だと思っている人が多いようです。

しかも、年功序列の賃金体系が崩れ始めているとはいえ、長谷川さんが勤めているような大手企業だと、いくばくかは賃金も上がっています。ですから、普通の企業に比べたら恵まれていることを本人たちもよく知っています。

けれど、長谷川さんは、なぜか年を経るごとに生活が苦しくなっていると感じています。

その原因は、どこにあるのでしょうか。

大きな要因はふたつあって、ひとつ目は給料の手取り額が減っていること。ふたつ目は経費削減で会社で使える経費が年々減っていることです。

まず、給料の手取り額の減少についてみてみましょう。

実は、2000年代に入って、家計は毎年のように、増税や社会保険料アップの嵐にさらされ続けています。ここでは、家計にダメージを与えた主な値上がりをピックアップしてみました。

2003年　社会保険料の総報酬制度が導入され、厚生年金保険料、健康保険料、介護保険料に関してボーナスからの保険料負担がアップ。ボーナス比率の高い人ほど手取りが減った。

2004年　年金改革で、2017年まで年金保険料がアップ（労使折半）
※平均的なサラリーマンで13年間、毎年約1万円のアップ
配偶者特別控除の上乗せ分廃止（所得税・住民税）
※該当家庭では年間約5万円の税金アップ
2005年　公的年金等控除の縮小と老年者控除の廃止
※該当老人家庭は毎年約7万円の税金アップ
2006年　ビール、発泡酒などの増税
2007年　定率減税廃止（2006年・2007年で段階的に）
※年収500万円前後の家庭で年間5万円の増税
2010年　たばこ増税
健康保険料アップ（協会けんぽは全国平均8・2%から9・34%へ）
2011年　扶養控除の所得税廃止
※年収500万円前後の家庭で年間約4万円の増税
2012年　扶養控除の住民税廃止
※年収500万円前後の家庭で年間約7万円の増税

環境税スタート

２０１３年　復興税の所得税（復興特別税）
※25年間、所得税額の２・１％
年金支給額の引き下げスタート（最終的に計２・５％）

２０１４年　復興税の住民税
消費税アップ（５％→８％）
※平均家庭で年間10万円前後の増税
世帯年収９１０万円以上の高校授業料無償化廃止

２０１５年　相続税の基礎控除５０００万円→３０００万円
相続人ひとり当たりの控除額１０００万円→６００万円
軽自動車税増税

２０１６年　年収１２００万円超の給与所得控除縮小

２０１７年　消費税アップ（８％→10％・予定）
年収１０００万円超の給与所得控除縮小（予定）

ほぼ、毎年のように増税や社会保険料アップが繰り返されていて、そのぶん、同じ年収なら、手取りが減っている現状がよくわかります。

年金保険料ひとつ見ても、毎年約1万円ずつ値上がりしていて、この10年で10万円以上値上がりしています。2011年から16歳未満の子どもの扶養控除が廃止になったので、年収800万円の長谷川さんのご家庭の場合、これだけで年間約22万円の負担増になっています。

年金保険料のアップと扶養控除の廃止だけでも、この10年で年間30万円以上負担が増えているのですが、ここに消費税のアップや復興増税まで加えると、年間50万円以上の負担増になっています。

しかも、2016年夏の参議院選の選挙対策で配偶者控除の廃止は先送りになりましたが、選挙が終わったら確実に廃止の方向に進みますから、奥さんが専業主婦の長谷川さんのご家庭は、これでさらに10万円の負担増ということになりそうです。

経費削減の影響も生活を直撃

会社の経費の削減で、社員の自己負担が増えているということも、少なからず給料の手

世帯の生活意識は「苦しい」が増加中

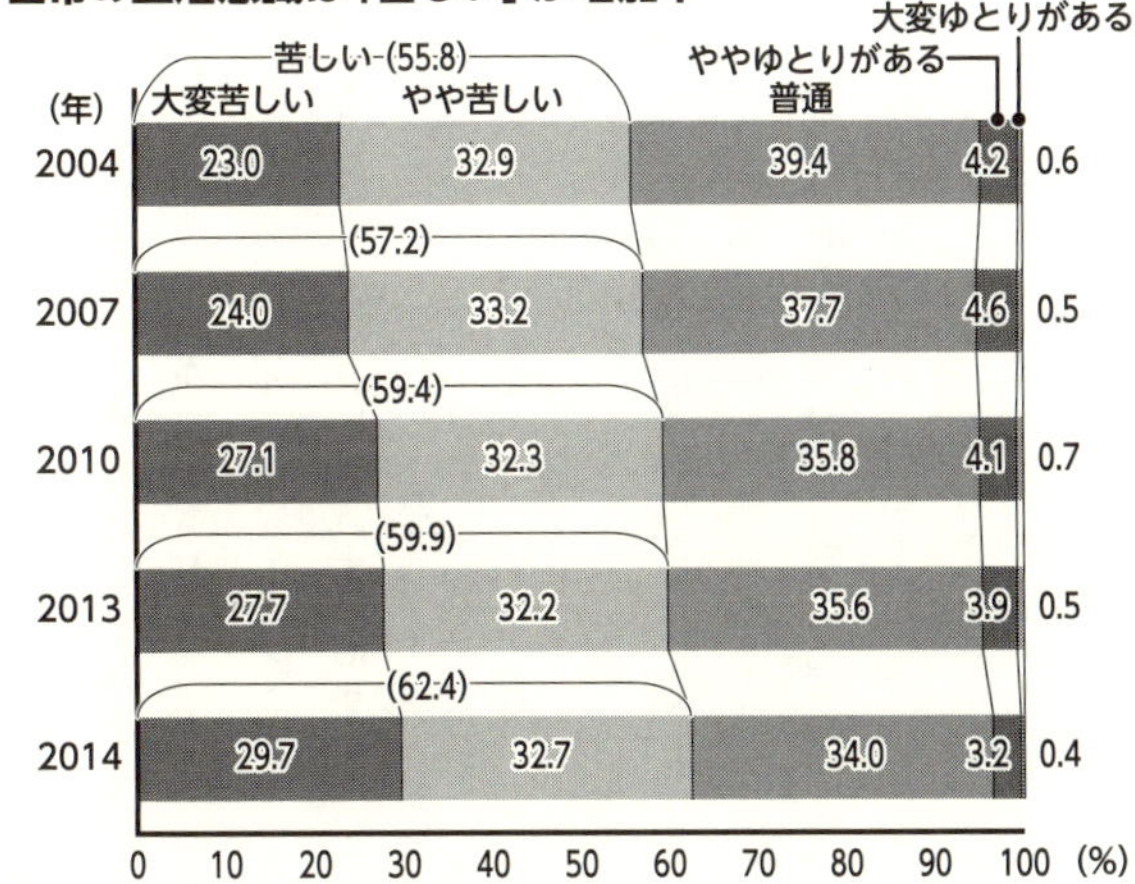

（出典・厚生労働省「平成 26 年 国民生活基礎調査の概況」）

取りの減少に影響を与えています。

長谷川さんたちは結婚当初、銀行の社宅で暮らしていました。職場に通勤しやすいところで、家賃は相場の6分の1。十分に豊かな暮らしができました。

ところが、10年前に、社宅そのものの数が減らされました。そこで、これを機に長谷川さんはマイホームを買うことにしたのです。本部勤務でシステム部門の仕事なので、転勤があまりないというのも住宅購入の動機になりました。

周囲を気にしなくていいぶん生活は気楽になりましたが、家計はだいぶゆとりを失いました。また、以前はタダ同然で使えた保養所や施設などが次々と売却され、残っている施設でも、以前ほど安くて高待遇というわけにはいかなくなりました。

加えて、昔はゆるやかだった出張などの経費も厳しく締められるようになり、法人用のクレジットカードを持たされるのでやたらに経費を使えなくなっていて、個人で飛行機のマイレージやホテルのポイントをもらうというような旨《うま》みもなくなっています。

営業活動が終われば帰れる部署と違い、システム部門は残業も多いのですが、以前のように気軽にタクシーを使って帰ることができず、疲れきった深夜の帰宅では、ついつい自腹でタクシー代を払って乗るということもあります。夜食代なども、ちりも積もればばかになりません。

つまり、会社が経費を厳しく監視するぶん、自腹を切って手取り収入の中から負担しなくてはならないものが急激に増えているのです。

厚生労働省の「国民生活基礎調査」では、「生活が苦しい」と感じている世帯が過去最高の62・4％でした（14年7月）。いまみてきたように世間では比較的高収入とみられている長谷川さんですら、内実は苦しいのです。このような例こそ、「隠れ貧困」と言っていいでしょう。

右肩下がりの時代に右肩上がりの教育費

増税や社会保険料のアップ、会社の経費や福利厚生の削減などが「貯蓄できない」外部要因だとすれば、内部要因の筆頭は、教育費の増大でしょう。

教育費については長谷川さんのご家庭でも、将来に大きな不安を抱えています。義務教育である小学校の段階で、ふたりで月10万円もかかっているのですから、高校、大学と進んだときには、どれだけの教育費がかかるか、考えただけでもめまいを感じます。

日本では、子どもひとりを大学まで行かせると約1000万円かかりますが、なぜ、これほどまでに教育費が家計を圧迫しているのかといえば、理由はふたつあります。

ひとつ目は、政府が教育費をあまり出さず、負担を家庭に押しつけていること。ふたつ目は、お金をかけた子どもほど良い学校に入れる仕組みになってしまっていることです。

日本政府が教育費に出すお金、つまり、教育機関への公的支出は、国内総生産（GDP）との比率で見ると、経済協力開発機構（OECD）の34ヶ国中、スロバキアと並ぶ3・5％で最低となっています（2015年11月公表）。加盟国平均が4・7％。最も高いのはノルウェーの6・5％。アメリカ、韓国でも平均の4・7％なので、日本の政府がどれだけお金を出していないかがわかります。小中学校の費用についてはOECD各国に比べて高いのですが、大学など高等教育の費用については、最下位の韓国に次いで低い数字となっています。

かつて、小泉純一郎首相は国会の所信表明演説で、「米百俵の精神」ということを言いました。これは、幕末から明治にかけて、その日に食べる米にも事欠いた長岡藩の窮状を見かねた三根山《みねやま》藩から百俵の米が送られてきたときに、藩の大参事の小林虎三郎《とらさぶろう》が、その米を藩士に分けずに売却し、学校を建てたというエピソードから出てきたもの。米を分けろと押しかけた藩士に対して、小林虎三郎は「百俵の米は、食べてしまえばなくなるが、これを教育に充てて人を育てれば、将来一万俵、百万俵になる」と言ったという話です。

ただ、実際には、小泉内閣以降、教育費は削られる一方で、「米百俵」の精神などは、どこかに忘れ去られています。そして、そのつけは、すべて家計の負担に回されてきたというのが現状です。

金持ちしか高等教育が受けられない時代?

日本は、お金がない人は高等教育が受けられない社会になりつつあります。

何とか奨学金を借りてやっとの思いで大学を出ても、新入社員のうちから数百万円の返済義務が重くのしかかります。大企業の正社員になれた人はともかく、アルバイトや非正規の仕事にしか就けないと返済もままならず、やむをえず自己破産を選択せざるをえなくなる人も少なくありません。

昔は、日本では貧乏な家庭に生まれても、優秀な子どもは国立大学で安い学費で学び、自力で人生を切り開くことができました。一生懸命に勉強する優秀な学生を対象に、返済する必要がない給付型の奨学金もかなりありました。しかし、今は国立大学の授業料が高く、給付型の奨学金も減っています。

大学の授業料は、今から66年前の1950年には国立大学で年間3600円、私立大学で8400円でした。当時の大卒国家公務員の給料が5000円前後で、今の大卒国家公務員の初任給が20万円前後ですから、そこから換算すると66年前の国立大学の授業料は、現在価格で年間15万円前後だったということになります。ちなみに私立大学でも、現在価格で年間40万円弱でした。

年間15万円前後の授業料なら、家が貧しくても、本人にやる気があれば、バイトや奨学金をもらいながら何とか学び続けられることでしょう。

けれど、今は国立大学でも年間約54万円の授業料が必要。このほかに検定料、入学金、通学費や教科書、参考図書、学校外活動費などをすべて入れると、4年間で500万円を超える大金が必要になってきています。

しかも財務省は、2016年度予算編成に向けて、国立大学の運営交付金を年1%ずつ減らしていくことを検討していました。足りないぶんは、各学校が稼ぎ、それでも足りなければ学費を値上げしなさいということです（結果的に16年度は削減を見送り、17年度から大学ごとの改革努力に応じて補助金額に差をつける新制度に移行するようです）。

こうした中で、日本では、国立大学でも、家庭が比較的裕福でなければ通うのが難しくなってきています。ちなみに、国立大学の学生の親の平均年収は約800万円ですから、平均的なサラリーマンよりも高くなっています。

また、東京大学の学生の調査によると、東大生の親の約6割が年収950万円以上とのこと。金持ちでなくては、国立大学にも行けない時代になっているということでしょう。

家庭の格差が教育にも持ち込まれる

フランスでは、大学の学費は国が出してくれるのですべて無料。ですから、誰でも望めば高等教育を受けられます。勉強が好きな子どもは大学に行き、嫌いな子どもは手に職をつければいいということで、そのぶん子ども自身の人生の選択肢は広くなっています。けれど日本では、高卒の求人数が激減していることもあり勉強が嫌いな子どもでも、無理に大学に行かなければ、その後の人生が惨めになるケースが多くなっています。

経済用語で「貧困の悪循環」という言葉があります。これは、貧しい家庭に生まれると、貧しい生活しかできずに、その子どもたちの生活はさらに貧しくなっていくという悪循環を示した言葉です。内閣府の「子ども・若者白書」(平成23年版)を見ても、高等学校を中退した人が、正規の社員や職員になって働ける割合は低く、フリーターなどになりやすいと指摘されています。

本来なら、人それぞれに能力や適性が違うのですから、勉強が好きな子は学校に行き、手に職をつけたい子どもは早くから技術を身につけることが本人の幸せに通じるケースが多いでしょう。ところが日本ではそうした選択の余地が狭まっています。

お金があると、良い学校を卒業できて、良い就職先に恵まれ、良い結婚ができて、年収も高いので子どもたちに良い教育が受けさせられるという好循環に恵まれます。一方、お金がないと、良い学校に行けずに、良いところに就職できず、フリーターだと結婚も難しく、結婚してもお金がなければ子どもにも良い教育が受けさせられないということになります。こうして、教育にお金がかけられる人とかけられない人の格差は、どんどん開いていくのです。

つまり、金持ちかそうでないかで、教育格差→学歴格差→所得格差が生まれ、これが、親本人だけでなく、子どもたちの世代にも循環していくというのです。こうした負の連鎖に陥らないためにも、無理に無理を重ねてでも、子どもには何とか高い教育を受けさせたいと親が思うのは当然でしょう。

こうした教育格差がこの社会には歴然とあり、へたをすると学歴のないゆえに貧困状態に陥る可能性もあることを痛いほどわかっているだけに、長谷川さんもとにかく、無理をしてでも子どもに良い教育をほどこしたいと思っています。

40代を襲う介護の恐怖

子どもたちには十分な教育を受けさせたいと思う長谷川さんですが、最近それが難しくなるかもしれない状況が出てきました。母親に認知症の症状が出たと、名古屋に住む姉から連絡があったのです。

母が、泥棒に入られて宝石を盗まれたというので警察に来てもらったら、侵入の形跡はなく、盗まれたものもない。最近、物忘れがひどくなり、何かと思い込みが激しいので医者に診てもらうと、認知症の症状が出ているというのです。もし症状が悪化するようなら、病院に入院させるか、施設で見てもらうほうがいいと言われたのだそうです。

幸い、姉がそばに住んでいるので、しばらくは様子を見てみようということになりましたが、症状が進んで介護が必要になると、姉にばかりは頼っていられなくなります。そうなれば、介護でどれくらいのお金がかかるかわからず、もしかしたらそのために借金をしなくてはならなくなるかもしれないと思うと、不安になります。

「今、うちにはどれくらい貯金がある？」と妻に聞くと、妻が働いていた頃の貯金を合わせても400万円くらいしかないということがわかりました。

これから増えていくはずの子どもたちの教育費を考えると、400万円ではとても足りないという気がします。

今のうちにもっと貯金を増やしておかなくては、将来ますます不安になります。夫婦で相談して、長谷川さんたちは、車を売ることにしました。子どもの学校の送り迎えや買い物には車があると便利なのですが、子どもたちにはバスを利用させ、自分は自転車で買い物に行くからいいと妻は言います。

車1台手放せば、駐車場代、ガソリン代、車検代、保険料など合わせて年間に60万円くらいは浮きます。そのぶんは、貯金に回せます。

やむをえない選択でした。しかし、長谷川さんは妻には言いませんが、車には思い入れがありました。結婚して車を買い、最初に実家に帰ったときに、「おまえも、車が買えるようになったか」と父親が褒めてくれたのです。初めて一人前になったことを認められたような気がしてうれしかったことを覚えています。次に褒められたのは、家を買ったときでした。「これで、おまえも、一国一城の主だな」と、父親は満足そうでした。

そうした体面はともかく――ふと休みの日に家族で海に出かけたり、近所をドライブするささやかな楽しみすら縁遠いものになった事実に、長谷川さんは暗然とするのです。

定年後の住宅ローンが年金を食う

親の介護と自分たちの老後を考えると、気持ちが塞《ふさ》ぎます。銀行員なので、他人のお金のことはいろいろアドバイスできますが、自分のお金については不安ばかり募って、考えていると気持ちが暗くなります。中でも、住宅ローンは老後の時限爆弾になるような気がしてなりません。

現在、42歳の長谷川さんは、10年前に35年で住宅ローンを借りました。ですから、返済し終わるのは67歳になったときになります。

年金がもらえるのが65歳からなので、年金生活を始めても2年間は住宅ローンを払い続けなくてはならないことになります。

年金は、企業年金などもあるのでふたりで月に30万円はもらえるのではないかと期待しています。年間だと、360万円になります。

けれどこのうち、年間約150万円が、住宅ローンの返済に消えます。さらに、管理費や修繕積立金、固定資産税、火災保険の保険料、地震保険の保険料その他で50万円ほどかかるので、計200万円を差し引くと、65歳以降の2年間は年160万円しか残りません。

月に直すと、13万円ちょっとです。

これでは、夫婦ふたりで生活していくのは難しい気がします。

サラリーマン50歳の壁が立ちはだかる

さらに、長谷川さんの場合、ちょうどふたりの子どもが大学に入る50歳になると、会社での処遇が一気に下がり、給料も激減します。もらえる給料は、多く見積もっても７００万円、いや６００万円くらいになってしまうかもしれません。そうなると、高額な教育資金を捻出するには、借金に頼らざるをえなくなってしまうかもしれません。

40歳になったとき、同期入社の社員が集められ、将来についての研修がありました。同期の中で50歳以降に会社に幹部候補として残れるのは10人にひとり。あとの９人は、50歳の時点で、自分の身の振り方を選択しなくてはならなくなるので、そのときに戸惑わないように、自分の将来について考えるための研修会です。

50歳で、幹部として会社に残れる見込みがなくなった場合、選択肢は３つあります。まず、退職して第二の人生を探すか、子会社に片道切符で出向するか、本社に残るにしても、本線を外れ嘱託《しょくたく》扱いのような業務に甘んじるかです。

現在、８００万円ある長谷川さんの給料は、50歳までには１０００万円に上がっている予定ですが、50歳の時点で会社に残る場合、６００万～７００万円にまでダウンする可能性があります。子会社に行くという方法を選択しても、同様に給料の大幅ダウンは免れません。それが嫌なら、残る選択肢は10人の中のひとりの幹部候補に残れるように奮闘努力するか、50歳になったら割り増し退職金をもらって退社し、どこかに再就職して第二の人生を歩み出すかの2択となります。

振り返れば、20年前の入社当時、銀行員といえば社会的ステータスも高く、名刺を出せば、まだツケがきく飲み屋もあったことが信じられません。派遣社員として同じ銀行で働いていた妻の友紀子さんと結婚し、ふたりの子どもにも恵まれ、マンションも買いました。社内でも、係長から課長に進み、昇進もそれなりにしてきました。

しかし、1997年、山一證券と北海道拓殖銀行の倒産に伴うあの金融危機から、会社員人生はゆるやかな下り坂だったのかもしれません。顔なじみの中小企業から無慈悲に貸しはがしを行えるような人間でなければ、銀行では上には行けない。それが思うようにできない自分は、早くも会社での先が見えた気がしたものです。

あのバブル崩壊後のつらい経験があるせいか、心の底ではどこか銀行という業務に馴染めず、そこそこの成績しか上げられない状況の中で、長谷川さんには、自分が幹部候補として残れるとはとても思えません。かといって、今の会社を辞めて第二の人生をスタートすることの難しさは、会社を辞めていった先輩たちを見て痛感しています。

中には、ヘッドハンティングのようなかたちで高額な給料で外資系金融機関に移籍した人もいますが、結局は2～3年でその会社を辞めています。

外資系金融機関の目当ては、彼ではなく、彼が持っている優良顧客だったのでしょう。そう考えると転職にはかなりのリスクがある気がしました。

老後の頼みの綱の退職金も、ローンと教育資金の借金返済で消えてしまうかもしれません。さらに、50歳を過ぎると嘱託扱い同然になって、給料が激減する可能性もある。そんな中で、親を介護しなくてはならないような状況が出てきたら、どう対処すればいいのだろうか。

こうしたことを考えていくと、心配ばかりが山積みになり、なかなか前に進めない。じっくり考える時間もなく、日々の忙しさの中で、思考停止せざるをえないことが、さらに心配を増幅していくような気がします。

他人事ではない、仕事のストレス

最近、長谷川さんは、夜、なかなか寝つけないことがあります。さらに、ときどき日中に軽いめまいを感じます。病院で精密検査をしてもらうと、どこも悪いところはないので、ストレス性のものではないかと言われました。

そう言われたとき、うつ病で出社できなくなった同僚のようになるのではないかという不安を感じました。

その同僚の名前を、仮にA氏としましょう。A氏は、長谷川さんよりも4歳年下の38歳。彼と同じエリート大学の出身で、独身。仕事もバリバリこなす有能な社員でした。

リストラなどで人員が減る中、夜遅くまで会社に残って企画書をつくり、翌朝には、完璧なかたちで会議に臨むようなまじめな男でした。そのA氏が、取引先とのトラブルに巻き込まれたのを機に精神に変調を来し、うつ病と診断されました。

A氏と同じ職場で仲もよかった長谷川さんは、産業医とも相談し、彼の家を訪ねて、どうせなら実家のある山形県に帰って少し静養してはどうかと提案しました。けれど、A氏は、その提案を頑《かたく》なに拒みました。あまりの頑なさに、なぜそんなに実家に帰るのが嫌なのかと聞くと、長男だったA氏は、幼い頃から父母の期待を一身に集めてきたことを話し始めました。

一流大学を出て銀行に勤めているA氏は、両親にとっては自慢の息子でした。心の病を患ったと聞いたら、父母はどう思うのだろう、そんなことで実家に帰ったら、周囲の人たちはなんと言うのだろう。自分は、とても実家には帰れないと、切々と訴えました。

あまりにも悲壮感ただよう訴えに、長谷川さんたちはそれ以上説得することができずに帰ってきました。その後A氏は、結局会社を辞め、郷里の両親に引き取られていきました。寝つけなかったりめまいを覚える自分が、Ａさんの姿と重なり、長谷川さんは「明日は我が身」という気がしています。もし、自分が働けなくなったら、家族はどうなるのだろう。それ自体がストレスになるので考えまいとするのですが、気持ちはどんどん萎《な》えていく気がします。

40代のうつ病が増えている

長谷川さんの父親は、「頑張れば、道は切り開ける」と素朴に信じている人です。そして、父親が生きてきた時代は日本の高度成長まっただ中で、誰もが頑張れば明るい未来を手にできた時代でした。

ですから、大学を卒業するまでの長谷川さんは、誰よりも勉強し、頑張って大手企業に入社しました。けれど、会社に入ってみると、「頑張れば、道は切り開ける」という環境ではありませんでした。

銀行の合併・統合で所属していた部署がまるごとなくなったり、能力に関わりなくリストラされ、会社のキャッシュフローの健全化のために正社員が非正規社員に置き換えられました。そうやって、多くの先輩が会社を去っていく中で、残った自分たちは過度の仕事で締めつけられるようになりました。

「頑張っても頑張っても、道が開けない」。そんな暗闇の中で、リストラに怯《おび》えながら、精神を病んでいった人を、長谷川さんは何人も見てきました。

厚生労働省の労働者健康状況調査（2012年）を見ると、仕事や職業生活に「強い不安や悩み、ストレスがある」と答えた人が、正社員の64・1％、派遣労働者の68・1％。男女別では、男性60・1％、女性61・9％が、仕事でかなり大きなストレスを感じているようです。

このストレスが原因で引き起こされる「心の病」も深刻で、公益財団法人日本生産性本部が全国の上場企業2140社に行ったアンケート（2014年）では、「心の病」にかかる人が増えている実態が浮き彫りになっています。特に、中間管理職を中心としたうつ病などの「心の病」が増えているようです。「心の病」の最も多い年齢層として「40代」と答えた企業は32・4％で、10年前の04年と比べて1・5倍になっています。

厚生労働省によれば、2014年度に仕事による強いストレスなどが原因で精神障害を

精神障害にかかわる労災も増えている

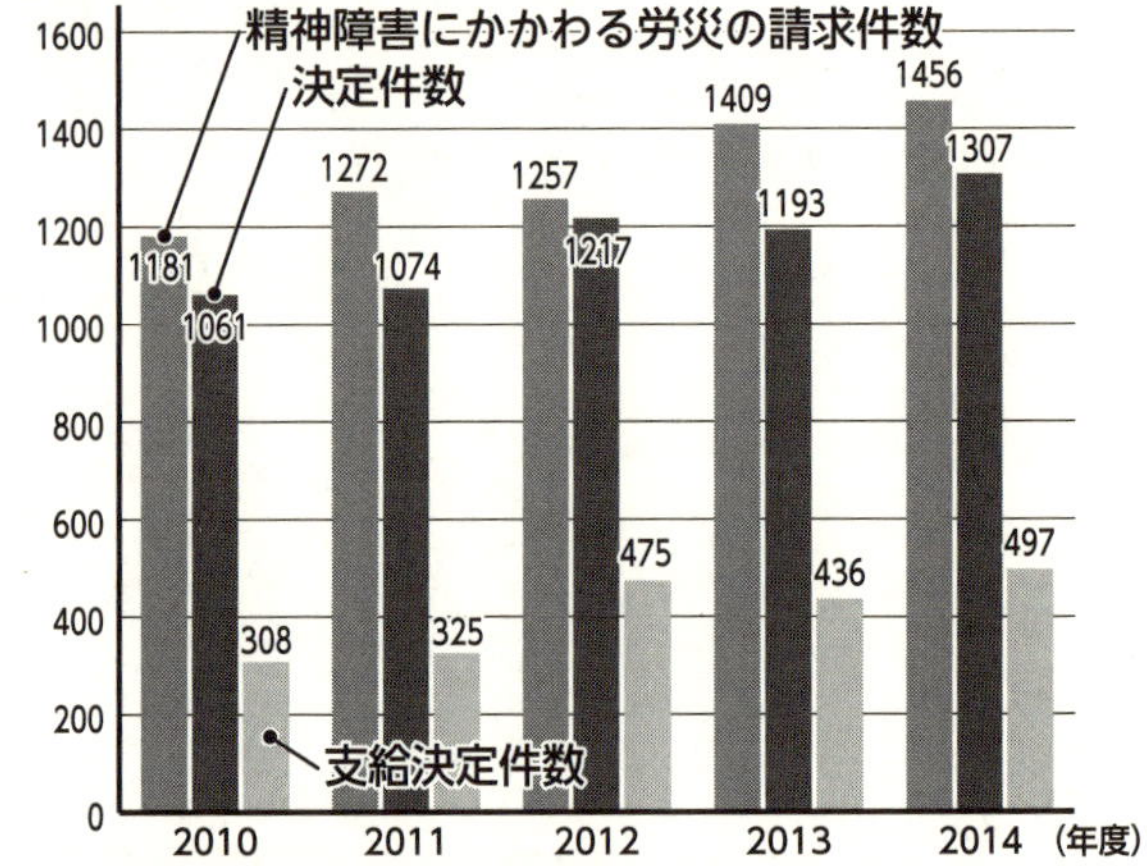

(出典・厚生労働省「平成26年度 過労死等の労災補償状況」)

患ったとして労災申請した数は、対前年比47件増の１４５６件で、認定されて労災保険の支給が決定したのは過去最高の４９７件でした。このうち99件は自殺（未遂を含む）で、自殺者の数も前年に比べて36件も増えたとのことです。

労災申請にまで至らなくても、最近は、激務や嫌がらせでうつ病になる人も増えていて、労働環境は年々悪化しているようです。

「頑張っても頑張っても、道が開けない」現状に自信をなくし、もしかしたら、50歳になる前に会社を放り出されるのではないか。そうなったら一気に生活が困窮するのではないか。そんな恐怖が、長谷川さんの心をよぎります。

ストレス検査がストレスになる？

２０１５年12月から、厚生労働省は従業員50人以上の企業に対して、従業員の「ストレスチェック」を義務づけています。これは、過剰なストレスを抱える社員を早期に発見し対処するためのチェックで、契約社員やパートでも、一定条件を満たす人は対象となります。

年1回、「疲れている」「憂うつだ」「何もする気が起きない」など心身に変調をきたしていないかを把握するのですが、健康診断のように、結果を社員と会社の両方に知らせるのではなく、社員だけに知らせることになっています。ここで、ストレスが高いと判断された社員は、会社に申し出て、医師の面接指導を受けられます。

これに対して会社は、解雇や雇い止め、退職勧奨、不当な動機・目的による配置転換・職位の変更は行ってはいけないことになっています。

仕事でのストレスの主な原因は、過剰な労働。クビになりたくない、左遷されたくない、出世を遅らせたくないということで、無理に無理を重ねてストレスを感じる人が多いのです。しかし、会社に素直に、「自分は検査の結果、こんなにストレスがありました」と申し出る社員がどれだけいるでしょうか。むしろ、ストレス検査の結果が悪いことを会社に隠そうとして、またひとつストレスを抱えることになるのではないかと心配です。

統計をみると、うつ病に限らず心身の健康面での異変が起きて、生活に困窮するケースも多いようです。

「日刊ＳＰＡ！」（２０１３年3月26日）が、35歳から49歳の無職の独身男女２００人に「無職になった理由」をアンケートしています。これによると、精神的な病気で会社を辞めたという人が約46％いました。

会社を辞める理由としては、倒産、リストラ、派遣切りといった会社の都合で辞めるケースが多いと思いがちですが、実はこうした理由で辞めている人は約22％。２倍以上の人が、うつ病など、精神疾患を理由に会社に行けなくなっているのです。

ちなみに、親の介護で辞めたという人も約８％いました。

実は著者のまわりにも、うつ病で働けなくなった人が男性も女性もいて、もはや珍しいケースではないという気がしています。

では、うつ病で働けなくなったら、どうなるのでしょう。

大手出版社に勤める知人の女性は、男女の給料に差がないので彼女がバリバリ働いて稼ぎ、うつ病になったご主人が「専業主夫」として子どもたちの面倒を見ています。ただ、専業主婦の奥さんがいる男性の場合には、自分がうつ病になっても、会社を辞めるに辞められないケースもあって、なるべくストレスがかからない部署に回してもらい、薬で治療しながら悪戦苦闘してとりあえず出社だけはしているという人もいます。

8章で、うつ病など精神疾患になったときに、しっかりもらっておきたいお金のことを書きますが、あまりにひどい場合には会社の産業医に相談するなどしかるべき手を打ちながら、生活していくことを考えていきましょう。

病気はうつ病だけとは限りません。また、人生に思わぬアクシデントはつきものです。予期せぬことが何かひとつあっただけで、お金が吹っ飛んでしまう——これを「隠れ貧困」と言わずしてなんと言えばいいでしょうか。

第2章　「隠れ貧困」解消の基本心得

人生の3大出費のハードルは、手前からひとつずつ

「お金の人生設計」をあらかじめ立てておくと、貧困状態にならずに済み、その後の安心感が大きく違ってきます。

実は、人生で必要となるお金には、大きく3つあります。これは、人生できっちり乗り越えなくてはいけないお金のハードルとも言えます。

その3つのハードルとは、「住宅ローン」「教育費」「老後費用」です。もちろん、親と同居という人は住宅ローンの心配はないし、子どもがいない方は教育費もかかりません。

ただ、一般的には、家を買ったり子育てした後に老後を迎えるという方が多いので、ここでは一般的な方を対象に、お金の3つのハードルを上手に飛び越えていく方法を考えてみましょう。

最も大切な基本は、「住宅ローン」「教育費」「老後費用」という3つのお金のハードルは、必ず手前から飛び越えていかなくてはならないということです。そして、それが最も合理的な方法です。

住宅ローンの頭金が100万円増えれば、支払利息は140万円減る

たとえば将来はマイホームを購入予定でこれから子どもにお金がかかる35歳の方が、老後が不安だからと個人年金に加入したとしましょう。月々2万円ずつ30年間支払うと、65歳から75歳までの10年間に月々6万6000円が給付されるタイプで、これだけもらえれば、年金目減りへの不安はかなり解消されると思うかもしれません。

けれど問題は、これからお金が必要になる35歳から、年間24万円もの保険料を個人年金に支払うこと。そのぶん、マイホームを買うときには頭金が貯まっていません。

たとえば39歳で家を買うとしたら、このお金を貯めておけば約100万円多く頭金を用意できるので、金利3%で30年ローンなら約150万円も総返済額が安くなります。

そのぶん、ローン返済のハードルが低くなり、ローン返済のハードルが低くなれば、次のハードルである教育資金が貯めやすくなる。教育資金がある程度貯められれば、教育費の借金は少なくて済みます。

そして、定年退職までに住宅ローンも教育費ローンも終わっていれば、退職金はまるまる老後資金として活用できます。

一方、年金で月々2万円を支払い続けていたらどうなるでしょうか。確かに、老後10年間は年金が6万6000円ほど上乗せになりますが、そのぶん貯金ができないので借金が増え、借金の返済で退職金が目減りする可能性があります。しかも、30年後の物価はどうなっているのかわかりません。

物価が年2％アップなら、貨幣の価値は30年で半分に

今から30年前の大卒男子の初任給は約14万円で、現在は約20万円。ですから、30年後の6万6000円の価値は、現在でいうと4万6000円くらいになっているかもしれません。

これは、昨今のような異常なデフレが20年も続いていることが前提。もし、日銀が目指すように物価が毎年2％ずつ上昇していくとしたら、30年後の6万6000円は3万円ちょっとの価値になっているでしょう。月々2万円を30年間も支払うのに、もらえるのは3万円でたった10年間ということになります。

さらに、その頃国家財政が破綻していて、物価が急激に上がっていたら、もしかしたら1万円の価値にもなっていないかもしれません。それは、誰にもわからないことで、そん

な不確定なことに今の大切な2万円を払っていくよりも、目の前にある住宅ローンを返し、教育資金を貯金することのほうがよっぽど将来の安定につながります。

家も必要ない、子どももいないというなら老後資金を貯め始めるのもいいですが、そうでなければ、不確定要素が大きい将来に備えるよりも、まずは、住宅ローン、教育費、老後費用という3つのハードルを、全力で手前から飛び越えていくことが大切でしょう。

50歳で、貯蓄と負債がプラスマイナス・ゼロなら勝ち組!

いろいろな本を見ていると、「老後までに××円貯める」という記事が多いようです。50歳になって老後が間近に迫っているなら、それまでに計画的にお金を貯めなくてはいけないというのはわかります。

ただ、30代、40代では、老後の前に飛び越えなくてはならないハードルがあって、そこで老後の準備を始めるというのは合理的ではありません。

では、「隠れ貧困」に陥らずに安心な老後を迎えるために、30代、40代は、何を目標にすればいいのでしょうか。

この年代の目標は、ズバリ家計を「50歳でプラスマイナス・ゼロ」に近づけておくことです。50歳で、貯金はないけれど借金もないという状況になっていれば、これはもう老後の勝ち組と言っても過言ではないでしょう。

50歳で借金がなければ、老後資金5000万円も夢じゃない

「50歳で、借金はないけれど貯金もない状態ならそれがベスト」といっても、そんなもので本当によいのだろうかと疑問を感じる方は多いかもしれません。けれど、住宅ローンを繰り上げ返済で50歳までに終わらせておけば、50歳から65歳までの15年間、ローンで支払っていたお金を年間100万円、人によっては150万円ずつ貯金できるでしょう。それだけで、65歳までに1500万円から2250万円の貯金ができます。

さらに、50歳で子どもが社会人になってお金がかからなくなっていると、それまで子どもの学費と生活費にかかっていたぶんが貯金に回せます。仮に月5万円かかっていたとしても、15年間で900万円になります。

加えて、子どもの手が離れて奥さんが働きに出て月5万円ずつでも貯金できれば、15年間で900万円。なんと、65歳までに合計で3300万円から4050万円も貯金ができます。

ここに退職金を加えたら、資金面だけ見れば5000万円以上になる人はかなりいるでしょうから、盤石《ばんじゃく》の老後になるはずです。

もちろん、50歳でプラスマイナス・ゼロにできるという人は、ほとんどいないと思います。ただ、目標を50歳に設定すれば、先が見えるので努力する気にもなるでしょう。

今から、少しでも「50歳プラスマイナス・ゼロ」に近づける努力をすれば、家計は、目に見えて健全化していくはずです。

借金減らして現金増やせ！

人生はよく山登りに例えられますが、お金のことも例外ではありません。山あり谷ありで、裕福になったりピンチになったりするものです。

けれど、山登りで大切なのは、最終的に頂上にたどり着くことです。ただ、普通の人は、いきなりエベレストの山頂を目指しても、なかなか登れるものではありません。

とりあえずは近くの太郎山に登って山登りの経験を積み、次に富士山に登ってみる。それで大丈夫なら、エベレストにも挑戦する勇気が湧いてくるかもしれません。

同じように、まず身近な「50歳でプラスマイナス・ゼロ」に挑戦してみる。そこで、50

歳になったら状況をチェックし、やはりマイナスが多いということなら計画を修正すればいいのです。

「55歳でプラスマイナス・ゼロ」でも「57歳でプラスマイナス・ゼロ」でもいいのです。そのぶん貯蓄額は減りますが、60歳前に「プラスマイナス・ゼロ」になっていれば、安全圏だと思います。

そのために心がけなくてはいけないのは、「借金減らして、現金増やせ」。その先のことは、老後になってから現金を前にして考えればいいのです。

早いうちから老後の計画など立てても、20年経てば、世の中のほうがガラリと変わるかもしれません。老後の方針は、50歳から65歳で決めたほうがその後のブレが小さくなります。

そして、老後の選択を上手にするには、それまでに借金を減らして現金を増やしておくことです。

第3章　一見リッチな50代を蝕む「隠れ貧困」

50歳で貯金が100万円だって!?

中川武さん（仮名・50歳）は、中堅機械メーカーの営業部長。社内では役員になるのも時間の問題といわれ、出世街道をばく進中の実力社員。

そんな武さんを支えるのが、大学時代の同級生で専業主婦の由美子さん（仮名）。受験を控えた高校3年生の息子と大学2年生の娘の4人家族。手取りで月給50万円、1回のボーナスが約100万円で合計年収は800万円。税や社会保険料など込みの額面では約1000万円にもなります。国税庁によると50代前半男性の平均給与が656万円ですから、かなり高い給料と言えるでしょう（民間給与実態調査・2014年）。

15年前にマンションを買い、会社で出世頭の夫と問題なく成長する子どもたちに囲まれた生活は、誰が見ても幸せな家庭。由美子さん自身も、この幸せがずっと続くと思っています。

家計のやり繰りは、専業主婦の由美子さんの仕事。武さんは、小遣いをもらっています。といっても、会社での立場を考えるとそれなりのお金は常に持っていなくてはいけないので、週の初めに由美子さんが夫の財布をチェックして2万円入れておくというルールになっています。それで足りないときには、言えばもらえることになっていて、その追加の小遣いが月に約2万円で、平均すると月の小遣いは10万円程度です。

中川さんは、小遣いを10万円もらっても、残り40万円あるのだから、家計は十分にやり繰りできるだろうと思っていました。

ところがある日、妻の由美子さんが、「生活が苦しいので、小遣いを少し減らしてくれないか」と言ってきたのです。

理由を聞くと、受験する息子の塾代が予想外にかかり、長女の大学の学費も高いので、貯金が残り100万円を切ってしまったというのです。

これには、中川さんも仰天しました。中川家では、「夫は稼ぐ人、妻はやり繰りする人」という役割分担がはっきりしていたので、これまで妻が仕切る家計に口出ししたことはありませんでした。というより、仕事が忙しいので任せっきりにしていました。

若い頃は給料も少なかったので、家計のことが気になって少しは口出しもしましたが、今は同期と比べても十分に稼いでいるし、妻もしっかり者なので問題ないと思っていました。根拠はないけれど、それなりに貯金もできているだろうと思っていました。

ところが、「貯蓄が100万円を切ってしまい、底をつきかけている」というのですからあわてふためくのも無理はありません。

海外旅行と子どもの学費

妻の言葉をきっかけに、中川さんは、家計の状況を調べてみました。

中川さんの月給は50万円。この中から中川さんの小遣い10万円を差し引くと、残りは40万円。住宅ローンが月々10万円（ボーナス時35万円）で、月の生活費は30万円ということになります。

ここからさらに、電気、ガス、水道、通信費、交通費などで約7万円を引き、食費・外食費・車の維持費・由美子さんの小遣いなどで約10万円引くと、残りは13万円。

本来なら、この13万円の中から貯蓄ができているはずでした。

ところが、私立大学に通う娘の学費と、私立大学を目指して勉強している息子の塾代で家計の負担が予想以上に増えていました。

5年前まで、中川家には500万円の貯金がありました。まだ子どもに学費がかからなかったので、それだけ貯められたのです。

けれど、上の娘が大学に入学するので、塾代と入学費用で約200万円かかり、その後も授業料その他で年間100万円弱かかっています。下の息子は、まだ大学に入っていないので学費はそれほどかかりませんが、高校で必要なお金や塾代を合わせると月5万円は必要。そのぶんを、貯金を切り崩すことで補っているうちに、ついに500万円の貯金は100万円を切るまでになってしまいました。

こうした状況の中でも、毎年1回は家族で海外旅行に。その費用は、おもにボーナスから捻出されます。他にも住宅ローンのボーナス払い分、海外旅行、家電の買い替えや洋服代、冠婚葬祭費などで、ボーナスはほとんど貯金には回せない状況になっていました。

息子がストレートで志望校に入学してくれれば喜ばしいですが、さらに大学の入学費や授業料の負担が出てきます。

年収1000万円もあると安心していた中川家ですが、すでに家計は火の車という状態になりつつありました。

退職金が吹っ飛ぶ!

教育費の負担が増えるだけでなく、改めて家計を見直した中川さんは、さらに大変なことに気づきました。それは、妻はすっかり忘れているようですが、住宅ローンを70歳まで払い続けなくてはならないということです。

35歳の時に、頭金500万円で4500万円のマンションを買いました。35年返済で、支払いは月10万円（管理費・修繕積立金を含む）、ボーナス時35万円。買った当初は、少しでもお金を貯めて繰り上げ返済して、年金をもらう前にローンを終わらせなくてはいけないと思っていたのですが、家計を妻に任せっきりにしているうちに、すっかりそのことを忘れていました。

今のままいけば、確実に70歳まで住宅ローンを払い続けなくてはならなくなります。仮に65歳まで会社で働き続けられたとしても、退職後に70歳までの5年間、どれだけもらえるかわからない年金の中から、毎年約200万円、合計で1000万円の住宅ローンを払わなくてはならないのです。

しかも、私立大学に通う娘にかかる学費が、卒業までに約350万円、息子も私立大学を希望しているので、ストレートで入学できたとしても約700万円と、教育費だけでも1000万円はかかることになります。

つまり、今の生活に、さらに2000万円の大きな支払いが、将来、上乗せされてくるということです。

会社が順調なら、部長職なので、勤め上げれば２０００万円前後の退職金はもらえるはずです。けれど、仮に退職金を２０００万円もらえたとしても、負債も２０００万円あったら、老後の大切な命綱の退職金をすべて返済に使わざるをえなくなり、そうすると、貯金もできません。

貯金もないままに年金生活になったら、暮らしていけるのだろうか。娘や息子の結婚資金も、出してあげられない。病気になったら、どうしよう。介護状態になったら、どうしよう。そんなことを考え始めると、前途洋々だったはずの将来が、いきなり真っ暗になった気がしました。

リッチなランチ満喫も一寸先は

これからかかるお金を書き出した紙を前に、中川さんは妻の由美子さんに、もしかしたら退職金が老後の蓄えとならなくなってしまうかもしれない現状を説明しました。

「年金で、老後はなんとか慎ましく暮らしていけるかもしれないが、貯金がゼロだと、病気や介護の状況になっても、適切な手当は受けられないかもしれない…」。そんな夫の言葉を聞いて、さすがに楽天的な由美子さんも、びっくり仰天しました。

これまでは、夫も順調に出世して生活にも余裕があったので、時々は自分へのご褒美で、友達とホテルのランチを食べに行っていました。大学時代の友達の中には、結婚相手の年収が低いので、パートで働かなくてはならない人もいます。そういう人たちに比べて、仲の良いお友達同士で、たまにではありますがちょっとリッチに食事できる自分は、恵まれていると思っていました。夫の会社も順調なようだし、子どもたちももう少しで自立できるので、自分は、将来の不安とは無縁だと思っていました。

リッチだとは思わないけれど、生活は中の上。そう思っていたので、まさか老後に病気になっても治療できない、身体が弱っても介護してもらえないような経済状況になるなどとは予想もしていませんでした。いま、人並み以上の給料があるせいなのかもしれないけれど、今の生活が続けられなくなるということが、理解できないのです。

ただ、心のどこかでは、薄々わかっていたような気もします。長女が、高校に入学した5年前までは、家計には貯金する余裕があって、実際に貯金も500万円ほどありました。ところが、長女が高校から大学へと進み、長男が高校に入ると、貯金は目に見えて減っていきました。

ただ、毎日、夜遅く疲れて帰ってくる夫には、なるべくお金の心配はさせまいと黙っています。目に見えて減っていく貯金を前に、由美子さんは、働きに出ようかと考えたこともありました。求人情報誌を買って、年齢制限なしという会社に応募して面接に行ったものの、実際にはもっと若い人が欲しかったようで、「特技はありますか」と聞かれたときに、答えに詰まってしまいました。相手が「専業主婦では使い物にならない」という目で見ているような気がして、言葉に詰まってしまったのです。後日、不採用の知らせをもらい、40代半ばの女性の就職の困難さを実感しました。

それでもへこたれず自分を奮い立たせて面接に行き、ひとつ、コールセンター業務で雇ってくれるというところがありました。ただし、人が足りないので日曜日にも出勤してほしいと言われ、日曜日は家族といたいので難しいと、断りました。

そのほかにも、スーパーのレジや、清掃員、引っ越しの荷造りなど、いくつかやってやれないことはないという仕事はあったのですが、「そこまで、汗水たらして働くのはいや」と思い、断念しました。

実は、そうしたことがストレスになって、ついつい夫には内緒で買ったブランド品が、ワードローブの中にいくつか隠れているのです。

なぜ50代は貯金できないのか

中川家のように、高収入なのにお金が貯まらない。本人たちは浪費しているつもりはないのに、なぜかお金が貯まらないという家庭は、けっして少なくはありません。

むしろ、50歳前後のアラフィフ（アラウンド・フィフティ、50歳前後）家庭では、貯金ができないところが増えているのではないでしょうか。

総務省家計調査（2014年）を見ると、40代の平均貯蓄額は1030万円、負債は1051万円で、貯蓄から負債を差し引くとマイナス21万円となっています。50代は、貯蓄が1663万円で負債は654万円。差し引きすると、プラス1009万円となっていて、一見するとかなり貯金ができているように見えます。

ただし、この数字は、負債を抱えた世帯も抱えていない世帯も、合わせてカウントした数字です。負債を抱えている世帯は、40代で62・3%、50代で53・1%。半分以上が住宅ローンなどの負債を抱えているということですが、この負債を抱えている世帯だけで見ると、40代の貯蓄は879万円で負債額は1687万円とマイナスが圧倒的に多く、50代でも貯蓄が1286万円で負債額は1231万円と、プラスといっても50万円程度となって

40代、50代の家庭の貯蓄・負債の平均額

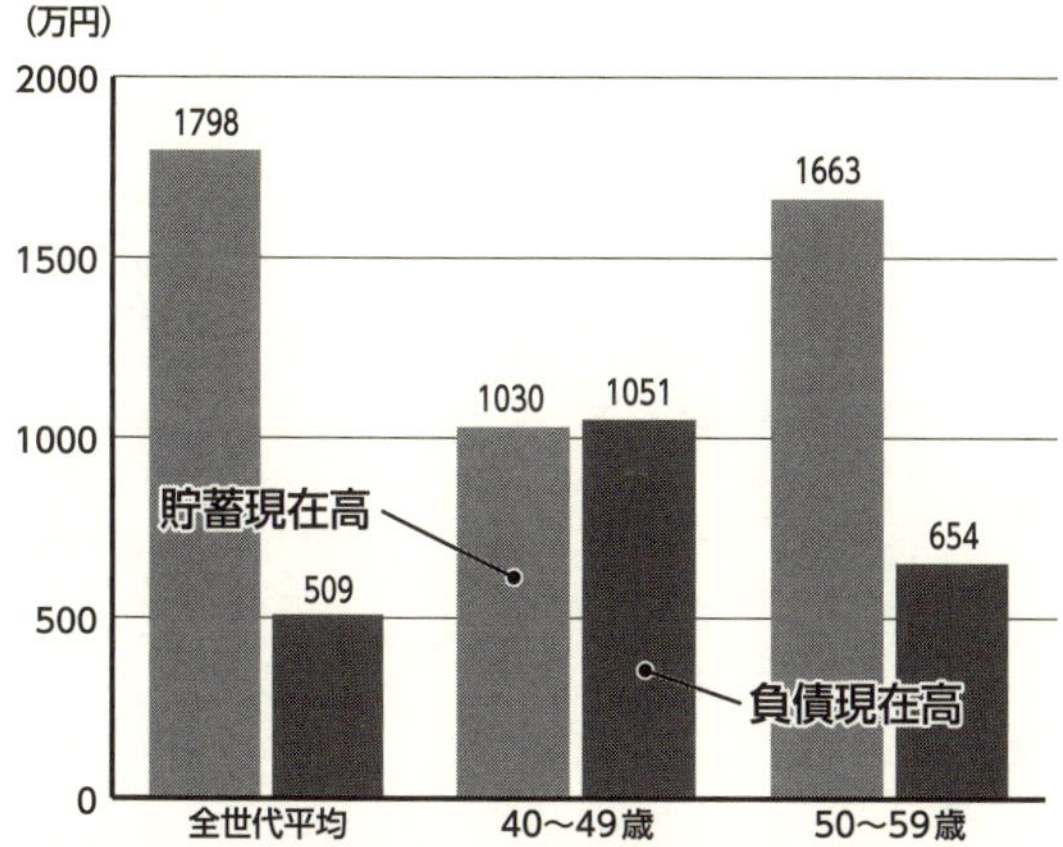

(出典・総務省統計局「家計調査報告(貯蓄・負債編)平成26年(2014年)平均結果速報」)

そのうち「負債がある家庭」でみると…

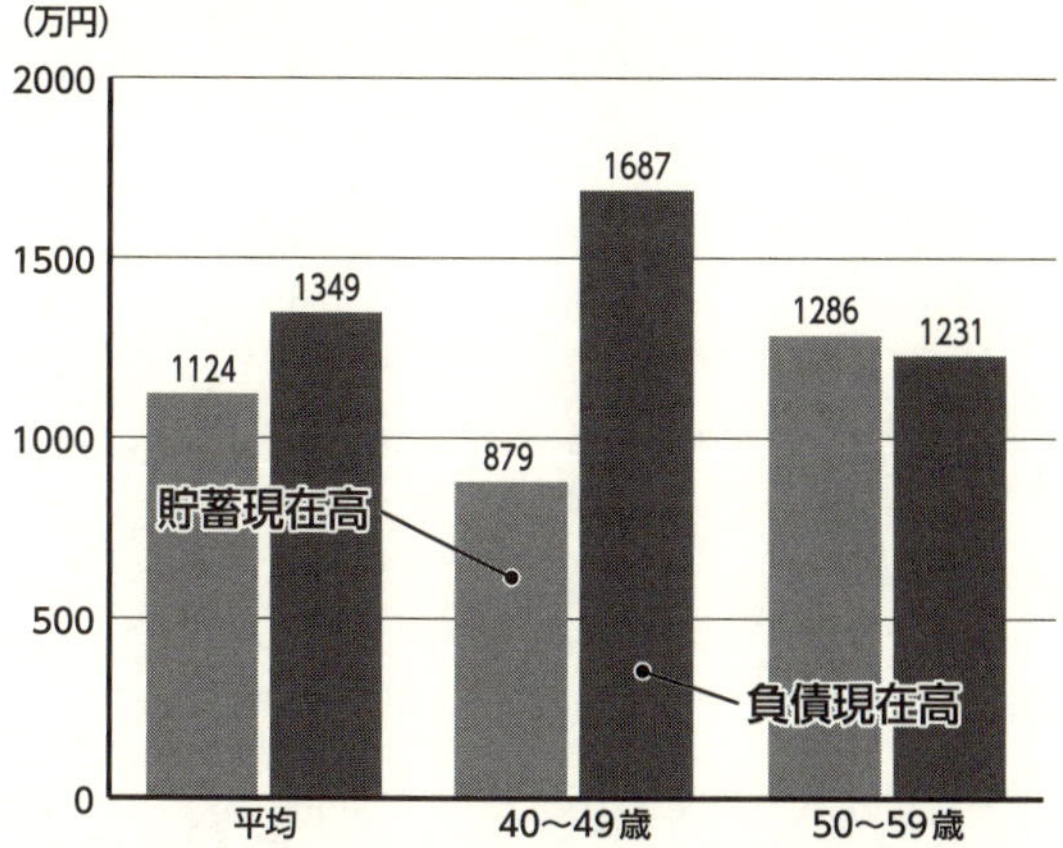

(出典・総務省統計局「家計調査報告(貯蓄・負債編)平成26年(2014年)平均結果速報」)

います。

つまり、40代、50代は、そこそこに収入があって貯蓄もあるはずなのに、住宅ローンなどの大きな借金を背負っているために、なかなか貯蓄が増えないということです。

「家計の金融行動に関する世論調査」（金融広報中央委員会・2015年）の、年間手取り収入（臨時収入を含む）からどれだけ貯蓄できているかというアンケートをみても、貯蓄できない状況が見て取れます。貯蓄していない人が、40代で19・2％、50代で23・0％もいます。年収の5％未満は、40代で8・5％、50代で9・7％。

つまり、40代、50代の約3割は、ほとんど貯蓄ができていないことになります。

さらに、「いま、金融資産があるか」という問いに対しては、ないと答えた人が、40代で35・7％、50代で29・1％。

収入が低い20代、30代なら貯金ができないというのはわかりますが、そろそろ老後を意識し始めなくてはならない40代、50代で貯蓄がゼロで、貯めることもできないというのはどういうことなのでしょうか。

高収入なのに貯めることができない

世の中には、収入が低いので、食べていくだけで精一杯で、お金を貯められないという人は、たくさんいます。

「家計の金融行動に関する世論調査」（2015年）を見ると、年間収入が300万円未満の人の42％は、貯蓄ゼロです。年収300万円から500万円だと、少し減って31・6％になりますが、収入が少ないのですから貯蓄しようにもできないというのは当然でしょう。

けれど、問題は、収入が多いにもかかわらず貯蓄できない人が意外に多いということ。

年収が1000万円から1200万円もらっている人でも、13・5％、1200万円以上でも11・8％が貯蓄ゼロです。会社員なら部長や役員クラスの収入がありながら貯蓄ができないというのは、なんだか不思議な気がします。

アンケートを見ると、このクラスの人たちが預金を取り崩した最も大きな要因は、子どもの教育費、結婚費用の支出などにお金がかかっていること。また、年収750万円から1000万円の人の中には、定例的な収入が減ったので金融資産を取り崩したという人も多くいます。

確かに、50代は、会社の中ではそれなりのポストについてはいますが、働き盛りのピークを越えているのに給料はやたらに高いという印象があり、企業でも、給与カットや早期

金融資産がない世帯の比率

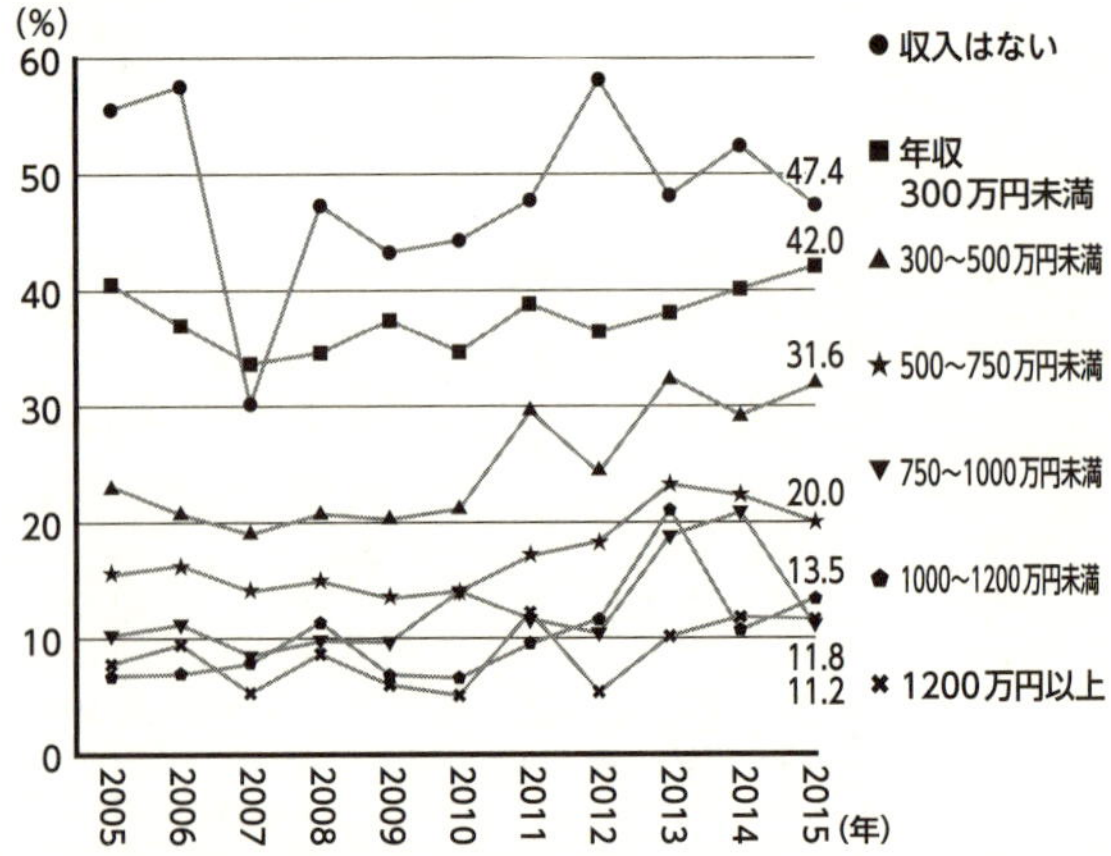

(出典・日本銀行「家計の金融行動に関する世論調査」[二人以上世帯調査] 2015年)

退職の対象にされやすくなっています。給料が減ったり早期退職でリストラされたら、貯蓄を取り崩さなくてはならなくなるでしょう。

また、20代、30代に比べて、40代、50代は収入が多いぶん、付き合いも多く、責任もあり、見栄も張らなくてはならない。家計も肥大化していて、出て行くお金も多い。

結果、収入はあっても、それほど貯蓄ができないということになるのでしょう。ちなみに、40代だと、貯蓄額がゼロまたは400万円未満という人が約56%もいます。50代でも、半数近くは500万円以下の貯金しか持っていません。

しかも、50代が貯蓄できない原因は、実

は、もう少し、根深いところにあるような気がします。

「自分にご褒美」のアラフィフ主婦

著者は仕事柄、50代前後の女性向け雑誌の編集者と、よく一緒に仕事をします。実は、先日、仕事をご一緒したアラフィフ雑誌の編集者(49)が、こんなことを言っていました。

「とにかく、うちの読者は、お金を貯めるのが下手なんです。アラフィフは、他の世代に比べて超バブリー世代で、一番お金をかけているのが子ども。次が、自分。海外旅行には年に一度は行きたいし、家のインテリアにもお金をかけたい。ネイルやエステも気になる。人によっては、娘と一緒にヘアーやまつ毛のエクステに行くなどという人もいて、とにかく支出が多い。お金があったら使ってしまうので、貯まらないんです」

確かに、彼女が編集している女性雑誌は、良質の紙でブランド品の広告がたくさん入ってズシリと重い本で、見出しを見ると、「優雅で上質な癒しの旅」「自分にご褒美、極上の一品」「若見えメイクで、姉妹のような母娘」などの見出しが躍っています。特に、〝上質〟という言葉がふんだんにちりばめられているのが印象的でした。

お金と健康に特化した年金世代の雑誌や、ファッションがメインではあるけれど、実用ページが充実していて生活感もある30代、40代向けの女性雑誌に比べると、アラフィフの雑誌は、贅沢さで突き抜けている感があります。

編集者に聞くと、読者の夢は、子どもを私立の中高一貫校に通わせ、有名大学に進学させ、一流企業に就職させること。そのために、塾に通わせ、夏冬の強化合宿も含めると年間100万円以上のお金をかけている人も少なくないのだそうです。

しかも、そうやってやっと入学させた私立中学には、裕福な家庭の子女が集まっているので、PTAや授業参観なども、それなりのブランドバッグを持って行かないと、浮いて、子どもにも惨めな思いをさせてしまうのだそうです。

「実際に、将来の生活がどうなるとか、年金がどうなるとかは考えていないんじゃないでしょうか。とりあえず、今、お金があるから、それで買い物をしたい。スーパーで1円、2円をチマチマ節約しても意味がないというか、惨めに思えてしまう。団塊の世代や、逆に今の若い人たちは、そうした節約が自然に身についているのだけれど、アラフィフでそうした金銭感覚の人というのは、意外に少数派という気がします。どうしても今を楽しまなければと思ってしまう。おかげで、私たちのような雑誌が売れているんですが、でも、個人的には自分も読者も、老後破産予備軍ではないかと思いますよ」

あれから30年……

なぜ、50歳前後には、「貯められない」主婦が多いのか。

私は、その答えが、彼女たちの青春時代にあるような気がしてなりません。

今、50歳前後の女性たちが社会人になったのは、バブル真っ盛りの1985年から1990年。ボーナス袋が、1万円札の厚みで立った時代です。高級ホテルが常に満員で、酔っぱらいで溢れ返った銀座では、そこかしこで1万円札を振りながらタクシーを呼ぶ姿が見受けられました。OLが、ランドセルのように30万円以上するヴィトンやシャネルのバッグを持ち、ブランド品を身につけていないと恥ずかしいような空気がありました。

そんなバブルまっただ中の88年、マガジンハウスから「Hanako」という女性誌が創刊され、一大ブームとなりました。読者ターゲットは27歳の独身女性。現在、50歳前後になっている女性たちです。

読者の大部分は、普通のお嬢さんたち。貯蓄こそ美徳と思っている母親たちの世代とは違い、青春の花開く時期に、バブルという巨大な消費パラダイスのまっただ中に放り込まれた彼女たちは、「質素倹約」という親の枷《かせ》を振り払い、消費の大海原《うなばら》を自在に泳ぐ自由さを手にしました。

私はこの雑誌に、創刊から10年間、「荻原博子のマネークリニック」という連載をしていたので、消費を謳歌《おうか》する彼女たちを傍らから見ていました。

読者の多くは親元から会社に通う自宅ＯＬ。もらう給料がまるまる自分のお小遣いで好き勝手に使えるだけでなく、中には父親払いの家族クレジットカードで、シャネル、ヴィトン、エルメスといった高級ブランド品を次々と買う女性もいました。

父親以外にも、ミツグ君（貢いでくれるボーイフレンド）、アッシー君（車で送り迎えしてくれるボーイフレンド）がいて、年に2回は海外旅行もしていました。その一方で、意外にしっかり貯金もしていて、編集部で読者アンケートを取ったところ、平均貯蓄額は27歳で２５０万円でした。

雑誌「Hanako」のキャッチフレーズは、「キャリアとケッコンだけじゃ、いや」。母親のように結婚して家庭に入るだけでは嫌。かといって、キャリアウーマンで仕事一筋というのもつまらない。もっと楽しみたい、もっと遊びたい。もっとステキになりたい。そんな女性たちの気持ちを見事に言い当てた言葉でした。

あれから約30年。不況が続く中で、彼女たちの中に、「隠れ貧困」一歩手前という人が多く見受けられるようになりました。

不況のせいばかりではありません。ではなぜ、そうなってしまったのか。かつて「Hanako」の熱烈な読者だったひとりの女性の足跡をたどってみましょう。

豊かに見えるが生活は破綻

林田奈緒子さん（仮名・50歳）は、なぜ自分だけがお金に困っているのか、いまだにわからないといいます。実際に、彼女の暮らしぶりや持ち物、育ちのよいおっとりとした物腰を見ても、豊かさしか感じられません。女性誌の読者モデルにでも出てきそうな、掃除がゆき届いて上質なインテリアに囲まれた家に住み、かわいい猫がいて夫（54歳）は東証一部上場のゼネコンの部長職。年収は850万円。

国立の大学院と大学に通うふたりのお嬢さんは、頭がよくて従順。奈緒子さんの生活のどこを見ても、貧困のかけらさえ見られません。それどころか、貧困というイメージとは対極にある暮らしぶりです。

ところが、内情を聞くと家計は火の車どころかすでに破綻していて、彼女自身、もうどうすればいいのかわからない状態。なぜ、こんなことになってしまったのか、途方に暮れています。

実は、この林田家のようなケースは今、特殊なことではなくなっています。一見すると豊かそうに見えて、実は生活が破綻している「隠れ貧困」は、確実に増えているのです。自分の人生は勝ち組だとずっと信じてきた奈緒子さん。けれど、なぜ勝ち組のはずだった彼女が、こうした状況に陥るのか。

奈緒子さんのたどってきた道を見ながら、検証してみましょう。

高級ブランドという魔法

1980年代後半、短大卒でゼネコンに一般職で入社したOL時代、奈緒子さんは、ボーナスで必ずブランド品を買ったといいます。

私は、原価1万円もしなさそうなバッグが、なぜ高級ブランド品というだけで30万円もの高額で売れるのか。それが不思議で、いろいろなブランドの取材をしました。そこで知ったのは、「高級ブランド」は、イメージという魔法で売っている商品だということでした。

たとえば、シャネルは、「エゴイスト」という香水を日本でヒットさせるために、サハラ砂漠であの映画「タイタニック」のジェームズ・キャメロン監督に極秘にCMをつくらせました。そのCMを、「○月○日○時に放映します」という予告広告をフランス中で大々的に打ち、フランスの名だたるファッションリーダーがどんなCMだろうと興味を持ってそのCMを見た直後に、「エゴイスト」の実物をファッションリーダー200人の自宅に届けたのです。

CMを見てどんな香水かと思ったところに、間髪入れず玄関チャイムが鳴り実物が届けられる心憎い演出に、フランスでは軒並み高い評価の記事が出て大評判となりました。

シャネルがなぜこんなことをしたのかといえば、日本対策でした。ファッションの本場フランスで大評判になれば、必ず日本でも爆発的に売れることを知っていたからです。そのために、億単位の金と1年近い時間をかけて、大掛かりな仕掛けづくりをしたのです。

これは、高級ブランドのマーケティング戦略のほんの一例ですが、当時、海外ブランドにとって日本はドル箱でした。ですから、日本での知名度を上げるために、あの手この手の用意周到なイメージ戦略を展開しました。

そこで、最も大切にされたイメージは、「高級ブランドを持てるのはセレブの証」というものでした。ブランドメーカーは、女性誌を使って「ステキなブランドを持つ私」というステータスをつくり上げたのです。

当時の自宅OLは、給料がそのまま自分の小遣いになっていました。海外高級ブランドブームに火をつけたのは、奈緒子さんのような小遣いが潤沢にあった自宅OLでしたが、そのブームが、それほどお金がない一人暮らしのOLをも巻き込んでいきます。

6畳1間でパンの耳をかじりながら、やっと貯めたお金でヴィトンのバッグを買ったOLもいました。そこまでして、どうしてブランド品を買うのかと聞いたら、「自分に自信が持てるから」「他人と同じでないと不安だから」という答えが返ってきたのが印象的でした。

今は、お金がなければユニクロでもかまわないという時代になりましたが、当時は、借金してまでブランド品を買って持たないと人並みでいられないような雰囲気がありました。

海外高級ブランドは、それまでの「質素倹約」の思想を一気に吹き飛ばし、「高級ブランドを身につければ、ステキな私になれる」という魔法を若い女性たちにかけたのです。そうやってのちに50代の「隠れ貧困」を生むことになる土壌がつくられていったのです。

500万円ではやっていけない

奈緒子さんは、24歳で同じゼネコンに勤めていた4歳年上の和夫さん（仮名）と結婚し、念願の寿退社をして林田という姓になりました。ご主人の和夫さんは、おとなしくてまじめで、上司にも恵まれ、将来の出世も約束されていました。

結婚当初の和夫さんの給料は５００万円。平均的な30歳前後のサラリーマンの給料からすると、そこそこ高額でした。ただ、年収５００万円といっても、手取りにすれば月々23万円、ボーナス60万円。月々23万円のうち５万円は夫の小遣い、14万円は家賃と水道・光熱費などで、残り4万円が生活費。当然ながら、これで生活していくことはできずに毎月大赤字。その赤字分をボーナスで補填する生活でした。

ボーナスは、日々の生活費の補填や家具、家電、ふたりの洋服代、年一回の海外旅行（これは、結婚したときの約束）、夫の実家への帰郷費用で、ほとんど残りませんでした。

最初は、専業主婦なのだから何とか上手にやり繰りしなくてはいけないと思い、家計簿もつけてみました。けれど、独身時代に月給15万円とボーナス40万円をまるまる自分の小遣いとして使っていた奈緒子さんにとって、1円、2円の記入をする家計簿は、あまりに自分の価値観とはかけ離れていて、三日坊主で終わりました。

家計の中から、５０００円でもいいから自分の小遣いがほしい。切実に、そう思いました。けれど、夫に言うと、「専業主婦なのに、それくらいのやり繰りができないのか」と言われそうなので我慢しました。

その代わり、夫に内緒にしているOL時代の貯金300万円の中から、美容院代、化粧品代、たまに友達と優雅な食事をする代金などを出しました。自分で貯めたお金ですから、使うのに後ろめたさはないのですが、貯金がどんどん減っていくことは、不安でもありました。

そんな奈緒子さんの生活を知っていて、実家の母親が、ときおりこっそりと小遣いをくれました。奈緒子さんの結婚後まもなく急逝した父親が、家と4000万円の現金を母親に残していたのです。

夫の給料が下がり続けるなんて！

結婚して4年目に長女を出産。子育ての忙しさで、夫の帰宅が遅い寂しさを感じる暇もなくなりました。初めての育児は、わからないことだらけ。奈緒子さんにとって頼れるのは、頻繁に手伝いに来てくれる母親だけでした。

長女が生まれた頃から、夫の和夫さんの会社にバブル崩壊の影響が顕著に出始め、給料が下がり始めました。ボーナスがカットされ、33歳で年収700万円あった給料は、ふたり目の女の子を出産した36歳のときには500万円を切りました。

1997年に、山一證券や北海道拓殖銀行など、絶対に潰れないと思われていた会社が経営破綻しました。奈緒子さんのご主人が勤めている会社も、バブル期の不良債権が清算できずに経営が立ち行かなくなり、債務免除で破綻だけは免れたものの、再建計画を立て、かろうじて生き長らえるという状況になりました。

幸い、30代だった和夫さんはリストラの対象には入りませんでしたが、40代・50代の先輩たちは容赦なくリストラされていきました。和夫さんも次は自分の番ではないかと思うと不安で眠れない日々が続きました。妻子がいる以上、自分は、どんなことがあっても最後の最後までこの会社にしがみつくしかない。和夫さんは、そう心に決めていました。

会社に残った和夫さんたちは、残業代カットで大幅に給料が減っただけでなく、リストラで人員が削減されているので、そのぶん夜遅くまで働かざるをえなくなりました。ほとんどは給料にカウントされないサービス残業ですが、会社が生きるか死ぬかの瀬戸際だけに拒否することはできません。また、「次は、自分の番か」と不安を抱えながらじっとしているよりも、身を粉にして働いていたほうが精神的には楽でした。

早く家に帰って、妻の奈緒子さんから心配そうに会社のことを聞かれるのも嫌でした。会社が置かれている厳しい現実が理解できない妻と話しても、最終的には下がる給料のことを責めたてられ、ますます気持ちが滅入る気がしたからです。

中古マンションを買う

どうして、こんなに毎月家計が赤字になるのだろうかと考えたとき、その大きな原因が、高い家賃にあるのは明白でした。子どもができ、給料も上がっていた時期に、少し広めの都内のマンションに住み替えたので、家賃は共益費込みで月18万円にもなっていました。

その負担が家計の支出に占める比率が大きいので、和夫さんは、もっと家賃の安い郊外に引っ越そうと言いました。けれど、奈緒子さんは、なかなか踏み切れませんでした。子どもの学校のことやご主人の和夫さんの通勤、自分のママ友たちのことを考えると、その土地を離れたくなかったのです。生活が苦しいからと郊外に引っ越すのは、都落ちするような惨めな気分でした。

そんなとき、和夫さんが「だったら、いっそマンションを買おう」と言い出しました。近所に、３５００万円で中古のマンションが売り出されていたのです。

この話に、奈緒子さんは飛びつきました。

奈緒子さんは、ママ友や短大時代の友達に生活が苦しくなったことを気づかれるのを恐れていました。ニュースなどを見て「ご主人の会社、大変だそうね」と言うときのママ友たちの好奇心にあふれた眼が嫌でした。明らかに、自分が下に見られているような気がして情けなくなりました。

そんなときは、「でも、バックには大手銀行がついているし、主人は会社の戦力だから、今は大変でもそのうち持ち直すようよ」と、他人事のように答えることにしていました。

そんななか、たとえ中古でも、マンションを買ったことで、ママ友たちの見方も変わったように思いました。

頭金500万円は、母親が出してくれたので、月々の返済額は12万円。管理費・修繕積立金・固定資産税などで月3万円かかりますが、それでもこれまで払っていた家賃よりも月3万円も出費が減りました。

実は、そのために70歳まで住宅ローンを払い続けなくてはならなくなったのですが、和夫さんも奈緒子さんも、マイホームを買ったという満足感が大きく、ローンの支払いが70歳までであることはすぐに忘れてしまいました。

人生が下り坂に

和夫さんは会社を辞めず、会社の再建に尽くしました。少ない人数で今までの2倍の仕事をこなさなくてはならないので、早朝に家を出て、夜は家に寝に帰るだけ。家族で一緒に食事をすることも少なくなりました。もちろん、遊びに出かける余裕などもありません。

夫の大変さは頭では理解しているのですが、自分とほとんど向き合ってくれない寂しさが心に募ります。いつのまにか奈緒子さんは、夫に期待するのはやめよう、いてもいなくても関係ない人なんだから、と自分に言い聞かせるようになっていました。そう思うことで、家庭内での無用な摩擦を避けたいと思ったのです。

会社がおかしくなるまでは、年に一回は必ず家族で海外旅行に行っていました。それは、結婚したときのふたりの約束でした。けれど、和夫さんが仕事を離れられなくなり、海外旅行は、奈緒子さんの母親とふたりの子どもの4人で行くようになりました。

お金は、すべて母親が出してくれました。

娘の置かれた状況を母は心配して、毎週のように訪ねてきては、食料品などを差し入れてくれました。母親も、夫を失って寂しいのか、小さな次女を楽しそうにあやしてくれました。そして帰りには、ときおりいくばくかの小遣いを奈緒子さんに渡してくれました。母親は、父親が残してくれた財産があるので、金銭的にはゆとりがありました。母は、娘を訪ねるときに、必ずお菓子を買ってきてくれました。

特に頻度が多かったのが、奈緒子さんが大好きなトップスのチョコレートケーキ。そんなとき、奈緒子さんは、結婚したときに買ったウェッジウッドのティーカップで、とっておきのオレンジペコの紅茶をいれます。それは、奈緒子さんにとっては日々のお金のやり繰りから解放され、ほっと優雅な気分に浸れるひとときでした。

結婚する前は、自分の人生はずっと上り坂だと思っていたと奈緒子さんはいいます。結婚したことも、専業主婦になったことも、選んだ相手も悪くなかったはずなのに、どこでどう間違えたのか、結婚してから急に人生が下り坂になった気がすると繰り返しいいます。

最初はときめいていた夫婦関係も時が経つにつれて冷めてきました。夫のポケットから、ラブホテルの領収書が出てきて、夫婦関係が修羅場《しゅらば》になったこともありました。けれど、気持ちはすでに冷めていたので、ほかの女に金を使うことには腹が立つけれど、怒っても自分が惨めになるだけで無駄な気がして、小遣いを3万円に減らすという条件闘争で手を打ちました。

自分は、楽天的な性格だと思っていたのに、女としても主婦としても経済的にもどんどん下がっていく自分が、自分ではないような気がして気持ちが塞いでいったといいます。

家電が古いと言われて傷つく

マンションを買ってから、ママ友や短大時代の友達が、頻繁にやってくるようになりました。ほとんどが、お金のある専業主婦。子どもの話もいろいろとしますが、どういうわけか、冷蔵庫やテレビ、洗濯機といった家電の話で盛り上がるのだそうです。

そんな中、奈緒子さんは家電のことで、一度ショックを受けたことがありました。奈緒子さんの家に置かれている洗濯機を見たママ友が、「あら、珍しいタイプ。まだ、こんな古いのを使っていたの」と、他のママ友にも聞こえるくらいの声で言い放ったのでした。

そのママ友は、少し前に、乾燥機能がついたタイプの全自動洗濯機に買い替えていました。なので、それとなく、自分が買った家電を自慢したかったのでしょう。その気持ちはわからなくもないのですが、自分が使っている洗濯機を古いタイプだと言われ、奈緒子さんはショックを受けました。

そのことをご主人に話すと、「そんなことで、見栄を張る必要なんかないじゃないか」

と言われました。そう言われたことで、なおさら悲しくなり、心の中で言いました。「私は、見栄を張りたいんじゃない、プライドを守りたいだけ。あんな人に、洗濯機が買い替えられないくらいで見下されたのが、悔しいのよ。それも、全部あなたのせいでしょう」

奈緒子さんは、すぐに母親に言って、乾燥機能がついた新しいタイプの洗濯機を買ってもらいました。それについては、ご主人の和夫さんは何も言いませんでした。

教育費は母親が負担

最悪だった会社の債務免除から5年経ち、小泉政権下のいざなみ景気の恩恵を受けて、和夫さんの会社もようやく立ち直りを見せました。

その後、業績が順調に推移し、給料も上がり始めました。多くの人がリストラなどで辞めたために出世の速度も早まり、一時は500万円を切っていた年収も、50歳になった頃には800万円近くまで回復しました。

和夫さんには、会社を苦労して建て直したのは自分たちだという自負があるので、ますます仕事にのめり込んでいきました。家計は、すべて奈緒子さん任せ。年収が上がっているのだから、何とかやっていけるだろうと思っていたのです。

ところが、和夫さんが知らない間に、家計は再び赤字で火の車になっていました。子どもの教育費が、多額にかかるようになったからです。

ふたりの女の子は、まじめで勉強好き。上の姉は公立の小学校、中学校、高校から国立大学に進学して、4月からは大学院に進学しました。妹は、4月に姉が通う国立大学に入学。将来は、姉と同じように大学院に進んで、もっと勉強したいといいます。

ただ、勉強が好きなのはよいのですが、塾代から学校の費用まで含めると、膨大な金額になります。昔は、頭がよくてもお金がない家の子どもは国立大学に行けばよいといわれていました。けれど、今の国立大学は、授業料その他で卒業までにひとり500万円以上かかります。しかも、ふたりとも大学院まで行くとなると、塾代まで含めたらひとり1000万円は必要です。

そんなお金は、貯金がほとんどない奈緒子さんの家の家計から出せないことは明白でした。当然ながら、教育費は、奈緒子さんの母親が全額負担してくれました。さらに、娘たちの小遣いも、月3万円ずつ計6万円を母親が出してくれました。

奈緒子さんは、子どもたちにバイトをさせたり奨学金を借りさせたくはないと思っていました。バイトすると学業がおろそかになるし、奨学金は将来の娘たちの借金になって彼女たちを苦しめることになるかもしれないと思ったからです。

ただ、貯蓄のない今の家計では娘たちに小遣いまで出してあげることができないので、母親を頼りにしていました。

母親の金を使い尽くす

母親が出してくれたお金は、住宅ローンの頭金や娘たちの教育費、小遣いだけではありません。奈緒子さんは、夫の会社が大変になったときに、生活費として夫に内緒でカードローンやキャッシングを利用するようになりました。

しかも、気持ちが滅入ってくると、買い物したくなります。ママ友たちのランチに欠席するわけにはいきませんし、そのときにはきちんとした洋服を着なければなりません。いけないと思いながらもクレジットカードで買い物を重ねました。

その結果、返済がどうしようもなくなって、母に泣きついたことも数えきれません。

さらに、年1回の海外旅行の費用。これは、母親のほうが毎年の楽しみにしていることもあり、奈緒子さんたちが母親の厚意に甘えるかたちになっていますが、海外ではついつい気持ちが大きくなることもあって、4人で行くと100万円以上かかります。

もし、父親が生きていたら、これほどまで湯水のように娘にお金を出すことは許さなかったでしょう。けれど、母親は専業主婦で、今まで一度も自分ではお金を稼いだことがなく、ひとり娘の奈緒子さんを、真綿にくるむように大切に育ててきました。ですから、娘の苦境を救ってあげたい一心でいわれるがままにお金を出し続けたのです。

その結果、父親が残してくれた4000万円は、いつの間にかなくなりました。

さすがに、手持ちの現金を使い尽くしてしまった時点で、母親は、もう援助することはできないと奈緒子さんに言いました。

それは、母親を頼っていた奈緒子さんにとってはショックでした。そのショックで精神的にパニックに陥り、心療内科に通わなくてはならない状況になりました。

今度は母親があわてて横浜の一軒家を売りに出しました。一軒家は5000万円で売れ、そのお金で奈緒子さんの家の近くに2DKの中古マンションを2500万円で買いました。売買手数料を差し引くと、2000万円ほどが母親の手元に残り、将来的にはそれをふたりの子どもの教育費に充てるということで奈緒子さんのパニックも何とか収まりました。

すでに80歳を超えている母親は、月25万円の年金をもらって暮らしています。けれど、そのうち15万円は、奈緒子さんたちの生活を支えるために使われています。

今、奈緒子さんを苦しめているのは、自分たちの生活を支えてくれている母親が他界したら、一気に生活が困窮するのではないかという悩みです。ふっと真夜中などに目が覚め、そのことを考えるとパニックに襲われるといいます。

離婚を考えるが踏み切れず

母親の年金をあてにして暮らしていることが和夫さんに知られ、「おまえは、なぜ、もっと質素な暮らしができないのか」と初めて大声でなじられました。それがショックで、心の中で何度も離婚を考え続け、実際に口に出したこともありました。

マンションの頭金を出してくれたのは誰だと思っているの。あなたの給料では、子どもたちの教育費はとてもまかなえない。お母さんが出してくれていることは薄々知っていたはず。見て見ぬ振りをしてたのはそっちでしょう。

しかし、「離婚を考えている」といっても、ご主人は「だったら、そうすれば」と軽く受け流すだけ。どうせできないだろうと、たかをくくっているのです。

実際、まだ教育費がかかるふたりの子どもを抱えて、専業主婦の自分がやっていけるわけがないということもよくわかっています。シングルマザーの貧困などという話を聞くと恐ろしくて、とても離婚してやっていくことなど無理だということもわかっています。

現在54歳の夫は、一部上場企業の部長職。年収は約850万円。都内にマンションを購入して、ふたりの娘は国立大学と大学院に通う、絵に描いたような4人家族。けれど、ほとんど貯金はなく、表向きの優雅な家庭とは裏腹に、家計はいつ破綻してもおかしくない状況――自分を取り巻く現実が、どんどん過酷になっている中で、奈緒子さんは、今の自分は、本当の自分ではないと思うことがしばしばあるといいます。

奈緒子さんは、「VERY」（光文社）という雑誌の読者モデルのページが好きで、毎号欠かさず見ています。読者モデルは、たまたま街でスカウトされた自分と同じ専業主婦。高級住宅街に住み、広々したキッチンでときどき家事を手伝ってくれるやさしい夫とかわいい子どもたちがいて、服のセンスがよく、料理上手で気配り上手。くったくなく楽しそうに笑う彼女たちは、少女のようにかわいかったり、少しお茶目だったりします。

記事には、夫の職業からふたりの出逢い、結婚まで、まるで幸せを絵に描いたようなストーリーがちりばめられています。夫だけでなく、同居している義理の母親にも愛されていて、一緒に「義理ママランチ」をし、「義理ママは、尊敬できる人生の先輩。学ぶことが多いです」と、清潔な笑顔で語る読者モデルの女性。そこには、かつて自分が憧れて思い描いてきた、幸せな結婚のかたちが凝縮されていました。

幸い、奈緒子さんの子どもたちは、ふたりとも素直でまじめ、学校の成績も優秀な女の子たち。ご主人も一流企業に勤めています。ですから、もしかしたら自分も、この「VERY」の読者モデルのように「見える」のではないか。

生活がいつ破綻してもおかしくない「隠れ貧困」の奈緒子さんは、ふっとそう思う瞬間だけ、自分がお金になど苦労したことのない幸せな主婦に思え、幸せを感じるといいます。

第4章　お金の怖さを知る人、知らない人

お金を貯められる人になる前に、覚えておきたい大切なこと

あまりに収入が少なすぎると、お金を貯めるのは大変です。けれど、ある程度の収入があるのに、なぜかお金が貯められないという人がいます。

そういう人に共通して見られるのが、「お金の怖さを知らない」「お金に依存する」「お金のせいにする」という特徴です。こうした傾向にある人が、それを上手に解決するためにはどうすればいいのでしょうか。

常にお金に振り回され、「隠れ貧困」に陥る危険性をはらんだ人生になってしまわないために、ここでは、貯められない人が留意し矯正していかなくてはならないことを見てみましょう。

「お金の怖さを知らない」人は、幸せになれない

「お金は怖い」とよくいわれますが、それは、お金が人間性を変えたり、人間関係を壊すことが往々にしてあるからです。友人や知人にお金を貸して、そのまま疎遠になってしまったという経験をしている人は多いと思います。

恋人同士でも、借りたお金を返してくれないので別れたというケースはままあります。友人に限らず家族でも、お金は、扱いを間違えると人間関係を壊します。

一見、幸せな主婦に見える奈緒子さんですが、実はこうしたお金の怖さを知らないために、抵抗なく母親からお金をもらい続け、そのために母親がお金を出さないとやっていけない家計になってしまいました。その結果、家族間の人間関係も歪んでしまいました。

普通の家族関係なら、たとえ奈緒子さんがかわいいひとり娘であっても、せがまれるままに母親がお金を出すということはないでしょう。けれど、奈緒子さんのところでは、長い間母親が家計を援助してきた結果、年老いた母親が娘を精神的に追いつめないためにお金を出さざるをえないという悲しい隷属《れいぞく》関係に陥っています。

これほどではなくても、50歳前後の方の中には、教育資金はおじいちゃん・おばあちゃんが出しているというケースは多くあります。国も、「教育資金贈与の非課税制度」をつくり、祖父母が教育資金を出すことを奨励しています。

現在のあまりに高い教育費を考えると、これもある程度まではやむをえないのかもしれません。けれど、それが行きすぎて当然のようになってくると、奈緒子さんの家庭のように悲惨な結果を招きかねないということは心に留めておく必要があるでしょう。

行きすぎた親の援助は、夫婦間にも溝をつくる

過度な親の援助は、夫婦の関係をも歪める可能性があります。

妻が実の親から援助されているというのは、夫にとってはもろ手を挙げて受け入れられることではないでしょう。今の若い男性はそうでもないかもしれませんが、50歳前後より上の世代の男性は、夫ひとりの稼ぎで家族を養うというのが常識として育てられてきた人も多いので、親の援助には抵抗感も強い。

ただ、背に腹はかえられないので、援助されている状況を薄々は知りながら、見て見ぬ振りをせざるをえない。その時点で、一緒に家庭を守っていこうという努力が放棄されてしまうケースも多々あります。

本来なら、夫婦はお金の問題を一緒に考え、たとえ口論になってもそこから目を背けず前に進むことが必要です。家庭を運営していくと、ときには思いもよらない危機的な状況に見舞われることがあります。そうした状況を乗り越えていくためには、普段から問題意識を共有してコミュニケーションができていることが必要です。

それが普段からできていなければ、危機に上手に対応できないでしょう。

子どもをダメにする、親子の共依存

子どもたちには学校の教育も大切ですが、それよりも大切なのは、働いて稼いで自立するということを教えることです。男性に限らず、これは女性にも言えることです。

厚生労働省の若者の意識に関する調査では、結婚相手に専業主婦になることを望む男性は約19％、働くことを望む人は約30％で、約50％はどちらとも言えないと回答しています。つまり、今の若い男性のうち、結婚相手に専業主婦であることを望む人は5人に1人ということです。

一方、女性は、専業主婦になりたいと答えた人が約34％。ただ、女性が専業主婦を望んでも、男性の給料がなかなかアップしない中では、妻にも働いてもらわなくてはやっていけないというのが現実かもしれません。

ちなみに、これも厚生労働省のデータですが、一度も働いたことがない専業主婦の生涯収入は、年金など含めて約1600万円。一方、正社員で60歳まで働いた女性は1億6000万円と約10倍の開きがあります。これは、家計の豊かさにも直結します。

勉強ができて、素直で、親の言うことをよく聞くということは、親にとっては理想的な子どもかもしれません。けれど、子どもにとってはどうなのでしょうか。

以前、教育評論家の尾木ママこと尾木直樹先生とお会いしたときに、「困ったのは、今、母と娘の親子共依存《きょういぞん》が増えていることです」とおっしゃっていました。

共依存とは、親と子どもが、お互いに自立できずに、一見すると助け合っているように見えますが、依存し合っている関係だそうです。親がいちいち子どもの行動に口を出し、子どもは親が言う通りに動いていい子を演じる。これによって、親はいつまでも子どもを手放さずに支配し続け、子どもは支配され続けて親から自立できなくなるというのです。

一見すると、一緒に買い物に行き、一緒に遊ぶ「仲良し親子」は理想的に見えますが、その裏には、それぞれが自立できない関係があるといいます。

こうした共依存の中でがんじがらめになると、その結果、親が先に死に、自立できなかった子どもがひとり取り残されて社会に適応できなくなるという悲劇が生まれるのだそうです。

奈緒子さんとお母さんを見ていると、完全に尾木さんのおっしゃる共依存関係のように見えます。唯一の救いは、奈緒子さんの娘さんがふたりとも高学歴で若いので、近い将来働いて家計を助けるという選択もできることでしょう。

奈緒子さんの母親は、80歳を過ぎてもなお、自分の年金の中から娘の生活費を捻出しています。それを、当然のように奈緒子さんは受け取っています。けれど、この母親が他界したら、奈緒子さんの生活はどうなるのか。カードローンやキャッシングを繰り返し、返済に困ると実母に泣きつく奈緒子さんと、定年後の70歳まで住宅ローンを払い続けなくてはならないご主人。

その先には、破綻と貧困が待ち受けているような気がするのは、私だけでしょうか。

お金の借り癖を、習慣化させない

お金は、扱いを間違えると、人間関係を歪める恐ろしいものになります。では、どうすればこうした罠《わな》に落ち込まずに済むのでしょうか。

当たり前のことだと思われるかもしれませんが、大切なのは、やたらにお金を借りない、与えない、もらわない、ということです。

最近は、ローン、クレジット、キャッシングなどで、気軽にお金が借りられるようになっています。しかも、店に行って恥ずかしい思いをしながら借金を申し込まなくても、自動でお金が借りられるカードが発行されます。ですから、簡単に借金ができます。

ただ、借金は、簡単に借りられるほど抵抗感がなくなり、習慣化します。

以前、借りて一週間以内にお金を返せば金利ゼロということを消費者金融業界で初めて行った社長に、「みんなが金利ゼロの期間に返したら、儲からないのではないですか」と聞いたことがあります。社長曰く、

「いやいや、借金というのは習慣性があるので、借りた人は、また必ず借りる。そういうデータもあります。最初は一週間で返しても、2回、3回と借りているうちに、借り慣れて大胆になってくるので、一週間では返せなくなる。ですから、入り口は低くしてありますが、うちは十分に儲かります」

とのことでした。

この社長が言うように、借金は慣れて習慣化するのです。

それでも、業者から借りるお金には期限もあり利息も付くので、必ず返さなくてはなりません。けれど、奈緒子さんのように身内に借りた借金は、期限があってないようなものという場合が多く、どうしてもルーズになりがちです。

それだけに、身内のお金であればあるほど、借りたら返すということを徹底させなくてはいけません。また、借りるならしっかりと借用書を書くなど、けじめをつけるべきでし

ょう。

お金に、依存しない

寂しかったり、イライラしていたり、落ち込んでいたり、不安だと、買い物をしたくなる人は多いと思います。ふらっとコンビニに入って、何を買おうか考えていると気持ちがやわらぎ、寂しさやイライラが収まるからです。

ただ、そこまでは普通の感覚で、誰にでも経験があるはずです。けれど、この欲求がさらに大きくなり、現金ではなくクレジットカードで買い物をするようになると、普通の範《はん》疇《ちゅう》を超えてきます。クレジットカードを使うと、たいていは使う金額がひとケタ違うからです。

もちろん、高額なものでも一括払いで支払えるお金の余裕がある人はいいですが、こうした衝動的な買い物の支払いをリボ払いにするとしたら、これは要注意です。しかも、カードで買い物をすると、現金に比べて何となく優越感を感じるという人は危ない。それが頻繁になると、買い物依存症一歩手前と言えるかもしれません。

買い物をすれば、イライラしていた気持ちが収まってすっきりする、お店の人がチヤホヤしてくれるのがうれしい、けれど、買い物をした後に罪悪感に駆られて買ったものを家族に隠す。けれど、しばらくするとまたもっと高いものがほしくなる。

これは、必要なものを買っているのではなく、買い物で、悲しい心の隙間を埋めるためにお金を使っているのにほかなりません。

もちろん、十分にお金があれば、お金を使って気を紛らわせるというのは悪いことではありません。けれど、それでお金を使ってしまい、生活費が足りなくなってまたイライラし、さらにお金を使うというような悪循環になっているなら、どこかで、お金で気を紛らわせるという行為はやめなくてはなりません。

「ワンランク上」という罠

今の若い人は、生活も質素で、食事はお腹がいっぱいになればいい、服は着心地がよければいい、という感覚で暮らしています。けれど、世の中にお金が溢れていたバブル時代に社会人になり、接待費が使い放題だった上司に、高級寿司店や焼き肉屋に連れていってもらった経験を持つ世代の人たちの中には、「ワンランク上」を目指さなくては気が済まない人が少なくありません。

サントリー次世代研究所によれば、昭和30年代生まれは、高度成長まっただ中で育ったこともあって、消費で「ワンランク上」の生活を実現させようとし、結婚後、グルメやファッション、レジャーに興味が強く、とりわけ物質的な欲求が大きく、ほしいものも一軒家、別荘など具体的なのが特徴だそうです。こうした世代を「ワンランクアップ消費世代」と定義していますが、それが実現できたのは、給料が右肩上がりだったからです。

奈緒子さんたち50歳前後の人たちは、この「ワンランクアップ消費世代」の影響を色濃く受けています。また、友達も、そういう人が多いので、なかなか消費が抑えられません。ですから、付き合いなどにもかなりお金がかかり、なかなか貯金ができないのです。

この世代に大切なのは、「ワンランク上がいい」という、身の丈に合わない無意味な信仰をまず捨てること。特に、この年代の方には、「自分へのご褒美」として少しいいものを持ったり好きな洋服を買ったり、リッチな外食をしたがる傾向がありますが、それは、何に対してのご褒美なのでしょうか。

たとえば、1年間にわたり一生懸命節約して100万円を貯金できたという具体的なことに対してのご褒美ならわかりますが、なんだかわからないのにやたらご褒美が多い。それは、ご褒美ではなく浪費です。

人間にとって、今までの価値観を捨てるということは苦痛で難しいことです。けれど、それを質素倹約の生活に変える努力をしなくては、将来がないという人が多くいます。そういう人は、今までの価値観を変えた生活ができたときに、自分にご褒美をあげるのではなく、自分を自分で褒めてあげる。モノではなく心を満たし、少しずつ自分を変え、自信を積み重ねていかなくては、豊かな老後は来ないでしょう。

誰かのせいにするのはやめる

自己管理が甘い人は、自分に不都合なことを改善しようとせず、他人や環境のせいにする傾向にあります。

自己管理をする力は、社会人になると鍛えられてそれなりに形成されます。けれど、50歳になってもそれがうまくできない人は、そこで自己管理力をつけなければ、一生他人や置かれた環境を恨んで終わる悲しい人生になります。

奈緒子さんの話を聞いていると、「お金が貯まらないのはバブル世代だから」「仕事よりも結婚にこだわったのは親のせい」「三高（高学歴・高収入・高身長）なんて何の役にも立たないのに、誰も教えてくれなかった」「夫が頼りないせいで、私は不幸」「友達が見栄っ張りだから、お金が出ていく」「頼んだわけでもないのに、母親がお金を出してくれたから金銭感覚がなくなった」…すべて、周囲の人や環境のせいにしています。そうしないと、自分を肯定できないのでしょう。

けれど、自分の人生はどんなことがあっても自分で引き受けなくてはなりません。結論を自分で引き受け、それに前向きに対処できたときに初めて自信が生まれます。自分の中に自信が生まれると、人に流されずに自分で考えた通りに行動でき、行き当たりばったりではなくやりたいことを頑張れます。

たぶん、結婚という強い目標を持っていた頃の奈緒子さんは、そうした人だったのかもしれません。けれど結婚後、状況に流されるまま生きてきて、自己管理をする力が失われてしまったのでしょう。

自分の人生は、誰のせいでもない、自分が引き受けていくものです。その覚悟ができてくれば、人やモノやお金だけに依存しないようになり、気持ちも家計も前向きになるはずです。

次章からは、Q&A形式で、あなたの家計に「隠れ貧困」がひそんでいないか、どうすれば退治できるか、具体的なアドバイスをどんどんしていきます。

第5章　「隠れ貧困」対策編　どうしてもお金が貯まらない

Q

お金を無駄遣いしていることを自覚できない

「無駄遣いなどしていないつもりなのに、いつのまにか財布の中のお金がない。自分でもとても不思議です」（ＯＬ・28歳）

お金を使っている自覚もないのにお金が減っているというのは、隠れ貧困への第一歩だと思ったほうがいいでしょう。お金は誰でもないあなた自身が使っているのです。しかも、自分でも覚えていないようなつまらないことに使っている。

それを自覚するためには、まず、買い物したときにもらうレシートをすべて取っておくことと、電車代や自動販売機の缶コーヒーなどレシートがないものを買うときには、買った後に必ずメモしておきましょう。それを3日間続けると、たぶん、なぜお金がなくなっているのか、その理由がわかるでしょう。

暑いからと、自販機で冷たいお茶を買い、電車を待っている間に手持ち無沙汰なので雑誌を買い、口寂しいのでついでにチョコレートも買う。電車に乗ったら、おもしろそうなアプリをダウンロードし、電車を降りてから暑さで歩くのがおっくうになってタクシーに乗る。そのため待ち合わせ場所に早く着いてしまい、喫茶店でアイスコーヒーを頼んだらレジにガムがあったのでついでに買う。

久しぶりに会った友達とは、ちょっとリッチなランチを食べ、一緒にウインドウショッピングをしながら300円程度のおしゃれ小物を買う…。

たぶん、3日ぶんのレシートと出費メモを見たあなたは、忘れていたけれど、実はかなりお金を使っていたのだと自覚することでしょう。けれど、それだけでは怠惰《たいだ》な金銭感覚は補正されません。

レシートと出費メモを見て、「これが無駄だった」というものに赤丸をつけ、その合計を出してみる。毎日、寝る前に必ず赤丸つけをして、自分の無駄遣いに落ち込み、反省する。3分もあればできるたったこれだけのことですが、これを続ければ、無駄な赤丸はどんどん減って、ゆるみ切った金銭感覚も引き締まってくるはずです。

ここがポイント！

レシートと出費メモで使ったお金をチェックし、無駄だったものに赤丸を。たったこれだけで、金銭感覚がシェイプアップされます。

Q お金を計画的に使えるようになりたい

「財布の中の1万円札が、すぐになくなってしまう。必要なものしか買っていないのに、いつも給料日までお金がもたない。どうすればいいの？」

（主婦・32歳）

給料日までお金がもたない原因は、たぶん、あなたの計画性のなさにあるのでしょう。計画性がない人が財布に1万円札を入れていると、お金を使ったという自覚もなく、なし崩し的に買い物をしがち。本人は、必要なものを買っているつもりでも、実際にはそれほど必要ではなかったり、必要でも緊急性がないものを買ってしまいがちになります。

計画的にお金を使うのは、実はそれほど難しいことではありません。まず、1ヶ月分の給料から、家賃や水道・光熱費、通信費、保険料など必ず出ていく出費を除きます。残ったお金は、食費、交際費、レジャー費など、工夫次第で多くも少なくもできるもの。

「今月は、結婚式があるから交際費は○○円」「家族で、月に2回は外食したいので、それが○○円」と必要に応じて分けていく。たとえば、そこで食費が4万円になったとしましょう。そうしたら、1万円は、コメやパンなどの主食と醤油や味噌などの調味料用に取り分け、残った3万円で日々のおかずを用意する。

そのときに大切なのは、その3万円を全部1000円札にし、1日1枚しか財布に入れないこと。そして、その財布を持って買い物に行く。入っているのが1000円札1枚なら1000円分、2枚なら2000円分の買い物しかできないので、真剣にいろいろなことを考えなくてはなりません。「子どもに肉を食べさせたいが、豚肉よりも鶏肉のほうが安い」「鶏肉は、モモよりムネ肉のほうが安い。それも、肉屋よりスーパーのほうが…」「ムネ肉はパサパサしがちなのでクックパッドで料理の仕方を見よう…」

とにかく使えるお金が限られているので、頭をフル回転して考えざるをえません。

こうしたことを1ヶ月間続ければ、あなたは別人のように買い物の達人になっているはずず。商品の値段や店ごとのタイムセールの値段、底値などが、知らないうちに頭に入っていて、本当に必要なものだけを迷わず買えるようになっているでしょう。


ここがポイント！

計画性のなさを矯正するには、財布に1万円札を入れないこと。使える金額で何とかするテクニックを身につければ、本当に買わなくてはならないものが見えてきます。

Q

家計簿で家計管理をしたい

「金銭管理のために家計簿をつけようと思うのですが、続きません。毎年買っては途中でやめてしまった家計簿が5冊もあります。どうすればよいのでしょうか」

（主婦・35歳）

三日坊主の家計簿が5冊もあるのなら、あなたは、おそらく家計簿をつけるのに向いていないのでしょう。向いていないことをやるというのは、苦痛でもあり、かなりの労力が必要です。だとしたら、「1年を通してしっかり家計簿をつける」という発想から、一度離れてみましょう。大切なのは、家計簿をつけることではなく、金銭管理ができることなのですから。

お金がどれだけ入り、どこに使われるのか、収入と支出のバランスは大丈夫なのか。そのための基礎的な数字を把握するためにつけるのが家計簿なのですから、何も1年間書き続けなくてもいいのです。たとえば、1ヶ月間だけしっかりつけてみる。それも、生活費だけ。なぜなら、家賃、水道代、ガス代、電気代などは、口座引き落としにしている人が多いので、通帳を家計簿代わりに使えるからです。

そうすると、だいたいのお金の流れはわかります。また、1ヶ月を12倍すれば、だいたい1年の出費になります。

1ヶ月でも続けるのが難しいという人は、1週間でもいいです。1週間だけ、生活費の使い道をしっかり書き出してみる。それを4・3倍したのが月の生活費であり、52倍したのが年間の生活費です。

1週間でも無理だという人は、家計簿を書くのではなく、114ページでも紹介したように、あらかじめお金を振り分けて、生活費は1日いくらとして、その中でやり繰りする。毎月もらう給料を用途別に袋分けにしておくという方法でもいいでしょう。

家計簿がつけられないことを悩むより、自分に合った家計の把握を考えるほうが大切です。最近は、レシートを写メしただけで簡易家計簿になる携帯アプリも出ています。自分に合った方法を探して、金銭管理をしましょう。

ここがポイント!

家計簿をつけることにこだわると、肝心要《かなめ》の金銭管理まで到達しません。家計簿記入が苦手な人は、あきらめて、自分に合った方法を探しましょう!

Q

ストレスを感じずにお金を貯めたい

「入社7年目なのに、貯金があまりありません。貯金するお金を残そうと努力するのですが、生活費で消えてしまいます。どうすればよいでしょうか」

（会社員・29歳）

そもそもの間違いは、残ったお金で貯金しようと思っていること。給料が高ければ別ですが、普通の給料だと、残そう残そうとしてもまずお金は残らず、残るのはストレスだけということになります。

そうしたことがないように、お金を貯めたいなら、まず最初に、貯めたい額を給料から天引きしてしまうシステムをつくりましょう。最初に給料から貯蓄をしてしまって、残りはすべて使い切れると思うだけで貯金しなくてはというストレスは減るし、決まった枠内で生活する工夫もできるでしょう。

貯蓄で大切なのは、無理なく長続きすること。たとえ月々の積立は少額であっても、長く続けられればまとまったお金になる。そのためには、最初は月5000円くらいでスタートし、これくらいなら給料から引いても大丈夫だということが実際にわかったら、月1

万円、2万円と金額をアップしていけばいいでしょう。

とにかく、続けることが大切なので、最初から無理はしないことです。

たとえば、月2万5000円、ボーナス時10万円を積み立てていけば、年間50万円の貯金ができます。10年続ければ500万円、20年続ければ1000万円、30年続ければ1500万円になります。

積立をずっと続けたいなら、金利にこだわらない

「お金を貯める」というと、少しでも金利がよい金融機関で積立しようと思う人がいますが、金利で金融機関を選んではいけません。なぜなら、金利が多少高くても、預け入れするのに不便な金融機関だと、途中で面倒になって積立が長続きしないからです。

もちろん、積み立てたものがまとまった金額になったら、少しでも金利の高い金融機関を探すことが大切ですが、積立段階では、利率よりも便利さを優先しましょう。お金を、毎月、別の口座に移すというのは、続けてみるとかなり面倒な作業。ついつい忘れて、積立が続かなくなってしまうということになりがちです。

積立預金をするなら、まずチェックしたいのが、社内預金と財形《ざいけい》貯蓄。このふたつは、

給料から天引きされるので、最初に手続きさえしておけば、あとは忘れていてもお金が貯まります。

このふたつのうち、有利なのは社内預金。なぜなら社内預金は労働基準法第18条第4項で利率の下限が定められていて、現行では0・5％以上となっています。通常の銀行預金の金利が0・02％（日銀のマイナス金利でさらに0・001％に下げられました）ですから、かなりよい金利だと言えます。ただし、有利なだけに預かり枠がそれほど大きくないケースもあるのでチェックしてみてください。

財形貯蓄は、銀行、保険会社など提携している金融機関の商品で積立するので、利率はその金融機関で扱っている商品と同じで、特別に有利なわけではありません。一般財形、住宅財形、年金財形の3種類があり、一般財形は利子に20％の税金がかかりますが、住宅財形と年金財形は、条件に従って利用すると、両方合算して550万円まで非課税になる枠があります。

ただし、定期的な払い込みを2年間中断すると、利子などの非課税措置が受けられなくなります。例外的に、2015年4月1日以降は、育児休業期間中（子どもが3歳に達するまで）は、財形貯蓄を中断できるようになりました。

給与振込口座からの自動引き落としを活用する

社内預金も財形貯蓄もないという会社に勤めている人は、給与振込口座になっている銀行で、積立預金をしましょう。給料が振り込まれた1~2日後に、銀行の給与振込口座から、自動的に積み立てられるようにしておくと、社内預金や財形貯蓄と同様に、忘れていても積立ができるということになるはずです。そうすれば、気づいたときにはまとまったお金になっています。

自営業者やフリーランスのように、収入が一定でない人は、まずお金が振り込まれる口座から、毎月、一定額をまとめて生活費として移し、その生活費の中でやり繰りして生活しましょう。そうすれば、お金が振り込まれる口座に残ったものが、貯蓄として増えていきます。

ここがポイント！
お金を貯めたいなら、金利は気にしないこと。社内預金→財形貯蓄→給与振込口座の順番で検討しましょう。

Q

銀行口座の活用法を知りたい

「子どもは9歳と6歳、主人は40歳です。生活費、教育費、旅行費、貯金など、銀行預金を口座別にして管理しています。けれど、なかなかお金が貯まりません」

（主婦・42歳）

あなたは几帳面な性格なのでしょう。何でも、きっちりと整理したいタイプかもしれません。

お金の管理をしっかりとしていくためには、きっちりと整理していくことはとても大切です。けれど、あまりに細かく口座を分けて管理すると時間がかかりすぎ、労力をかけるわりには効果が上がらないということにもなりかねません。また、木を見て森を見ずといいますが、枝葉末節《しようまっせつ》にこだわり肝心なところが見えないかもしれません。

特に、お金には色がないので、必要なことを優先して使っていく柔軟な考え方も必要でしょう。たとえば、マイホームを購入するのには、頭金をなるべく多く用意しておかないと後々の返済が大変ですが、「教育資金は取り崩せない」とか「老後資金はおろせない」というようでは、頭金を多くは用意できない。教育資金は、子どもが高校、大学に行く10

年後、老後資金は定年退職するときに必要になるものですから25年後に必要になります。その前にマイホームを買うとしたら、まずは目前の住宅資金を貯めることに全力投球しましょう。頭金をたっぷり用意できれば、借りる住宅ローンは少なくて済みますから、貯蓄をする余裕も生まれるでしょう。そうすれば教育資金も貯められます。教育資金が貯められたら、子どもが学校を卒業した後は、自分たちの老後資金を貯めることができます。そうやって、当面必要なお金を貯めることに全力投球したほうが、効率がいいのでは？

銀行口座は、給与振込口座を総合口座にして、月々そこから様々な支払いをし、そこに自動積立の貯蓄口座をセットする程度でよいのではないでしょうか。そして、貯蓄口座の様子を見ながら、そのときどきで最も使わなくてはいけないところに、貯めたお金を集中的に使っていくことです。

お金には色がついていないので、シンプルに、柔軟に考えてはどうでしょうか。

ここがポイント！

銀行口座は、細かくしっかり管理するよりも、給与振込口座で生活費と貯蓄を分け、必要に応じて貯蓄を取り崩していくほうがよいでしょう。

Q 第2のお金のハードル、教育費はどれくらいかかるか

「子どもが小学生と中学生ですが、この先、どれくらいのお金がかかるか心配です。用意しておかなくてはならない額を教えてください」

（主婦・39歳）

文部科学省の「子供の学習費調査」（2014年度）を見ると、幼稚園（3年間）にかかる学習費は、公立で約67万円、私立で約149万円。小学校6年間では、公立が約193万円、私立が約921万円。中学校3年間では、公立が約145万円、私立が約402万円。高校3年間では、公立が約123万円、私立が約299万円。

大学は、日本政策金融公庫の「教育費負担の実態調査」（2014年度）調べの入学費用と在学費用によると、私立短大2年間で約363万円。4年制では国立大学で約511万円、私立大学文科系で約692万円、私立大学理系で約788万円とのこと（それぞれの費用は、入学費用＋1年間の学費×通う年数で算出）。

つまり、子どもひとりを大学まで行かせるには、国公立でも約1000万円かかるということです。こう聞くと、いったいこの先、自分の子どもにはどれくらいのお金がかかる

学校種別、1年間にかかる学費

区分	幼稚園		小学校	
	公立	私立	公立	私立
学習費総額	222,264	498,008	321,708	1,535,789
うち学校教育費	119,175	319,619	59,228	885,639
うち学校給食費	19,382	36,836	43,176	46,089
うち学校外活動費	83,707	141,553	219,304	604,061

区分	中学校		高等学校（全日制）	
	公立	私立	公立	私立
学習費総額	481,841	1,338,623	409,979	995,295
うち学校教育費	128,964	1,022,397	242,692	740,144
うち学校給食費	38,422	4,154	-	-
うち学校外活動費	314,455	312,072	167,287	255,151

（出典・文部科学省「平成26年度 子供の学習費調査」）　（円）

のか心配だという方も多いでしょう。そこで覚えておいてほしいのが、私が提案しているものですが、教育費の「2・3・4・5の法則」です。

「2・3・4・5の法則」で、これからかかる教育費を計算してみる

これからかかる教育費について知りたければ、小学生なら月2万円、中学生なら月3万円、高校生なら月4万円、大学生なら月5万円という数字を覚えておいて計算すると、当たらずとも遠からずということになります。

高校の場合、公立なら授業料は無償のケースも多いですが、受験勉強のための

大学の入学費用はいくらかかるか

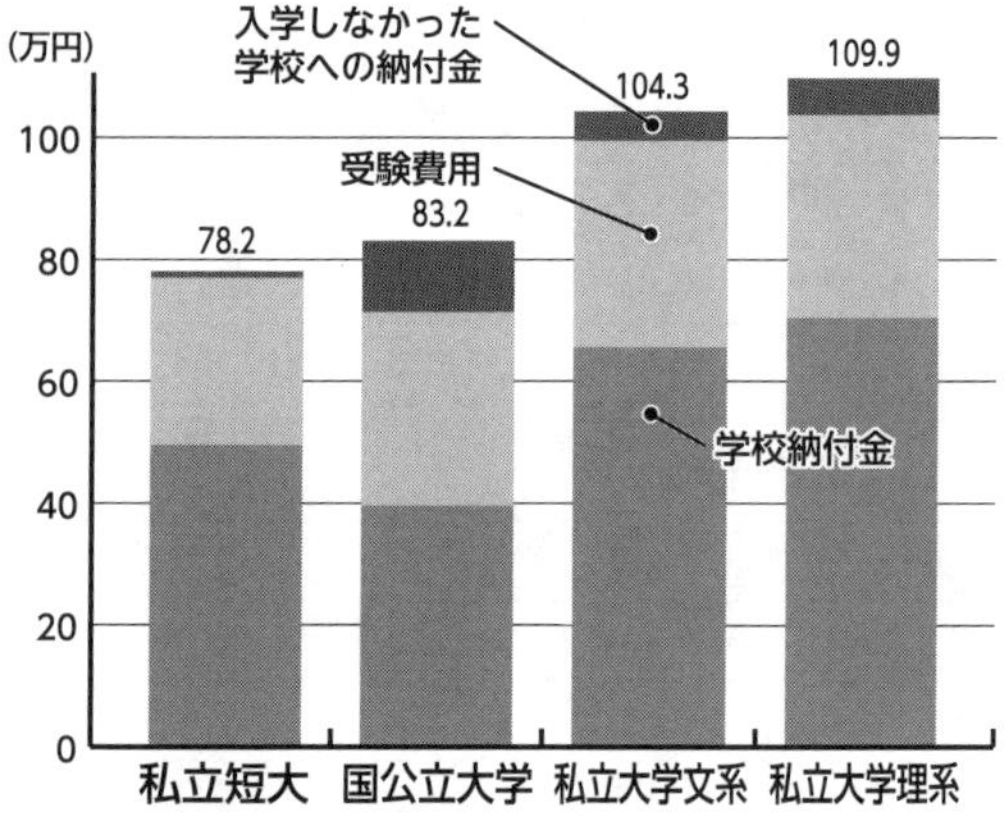

(出典・日本政策金融公庫「教育費負担の実態調査」平成26年度)

大学の1年間の学費はいくらかかるか

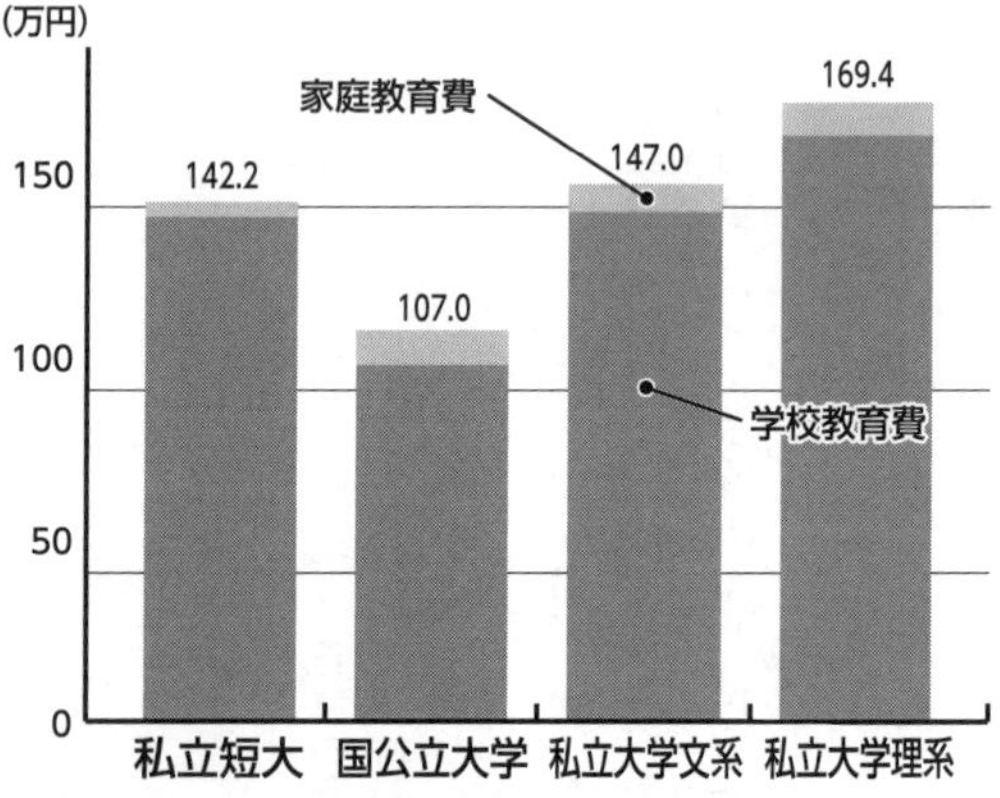

(出典・日本政策金融公庫「教育費負担の実態調査」平成26年度)

※本文中の数字は短大は在学費用×2+入学費用、大学なら在学費用×4+入学費用で算出した。

塾通いなどで多額の費用が必要になるので月5万円かかるというデータもあります。しかし、地方ではそれほど塾にお金がかからないところもあるので月4万円としました。大学の場合には、平均で月10万円ほどかかりますが、半分はアルバイトや奨学金で本人が何とかするという前提で、月5万円としてあります。

たとえば、子どもが中学3年生なら、

中学・3万円×12ヶ月＝36万円
高校・4万円×12ヶ月×3年＝144万円
大学・5万円×12ヶ月×4年＝240万円
《合計》420万円

こうして、これから親が負担しなくてはならない教育費のおおよその目安を立てておくと、それに向けて月々どれくらいの貯金をしていけばよいのかという計画が立てやすくなるでしょう。

もう少しわかりやすい方法だと、とにかく大学に入学するまでに、子どもひとりにつき

３００万円を用意しておいてあげるというのでもいいでしょう。子どもに、３００万円だけは何とか出してあげる旨を伝え、あとは、自分で奨学金を借りるなりバイトをするなりして足りないぶんを補うように言いましょう。

子どもの教育費の積立については、学資保険などで積み立てていくというケースもありますが、保険である以上、払った保険料から保険会社の経費が引かれたり、保障の費用が引かれたりしますから、長く積み立てたわりにはそれほど大きく増えないというのが現状です。また、急に教育資金が必要になって満期前に引き出すと、預けた額よりも受け取る額が減ってしまうケースがあるので注意しましょう。

教育資金を貯めるときは、投資信託などのリスクがある商品で積立するのはやめましょう。投資環境の変化によって、予定していた入学金が目減りしてしまうというアクシデントに見舞われかねないからです。そうなると、せっかくの進学をあきらめざるをえなくなるかもしれません。

また、多額の教育費を子どもに注ぎ込みすぎるのもどうでしょうか。今は、親の老後も大変。昔のように、子どもにしっかり高等教育さえつけておけば老後の面倒を見てくれる時代ではありません。

親も将来貧困状態にならないよう、自分のためにしっかり蓄えておくべきでしょう。

ここがポイント!
子どもの教育費は、保険やリスク商品で貯めないほうがいいでしょう。親自身の老後も考えて、適度な援助にとどめましょう。

Q

大きな出費を見落とさないために

「妻に生活費を月35万円渡しています。子どもも巣立ちお金もかからないはずなのに、毎月足りないといいます。やり繰りが下手なのでしょうか」

（男性・56歳）

やり繰り下手は、キッチンを見れば一目でわかります。冷蔵庫の中に、賞味期限が切れそうな食品が多かったり、特売で買った油や洗剤などが、使い切れないほど置かれていれば、無駄買いが多くやり繰り下手の奥さんの可能性が高いです。

けれど、キッチンにそれほどモノが溢れていないのなら、原因はほかにあると考えたほうがいいでしょう。その原因を突き止めるためにはまず、奥さんに毎月、何にいくらくらい支払っているのかを書き出してもらいましょう。もしかしたら、意外なところで大きな出費をしているかもしれません。

たとえば、生命保険。子どもが巣立って夫婦ふたりの生活になったら、生命保険の死亡保障はほとんど必要ありません。ご主人が亡くなっても、会社員なら会社からまとまった額の死亡退職金が出るところが多いでしょう。

また、18歳未満の子どもがいなくても、遺族年金で30～39歳だと4万円前後、40歳を過ぎていれば中高齢寡婦加算を加えて10万円前後はもらえるので、ちょっとパートすれば何とか食べていけるでしょう。住宅ローンも、ふつうは団体信用生命保険と相殺されるので、いざとなったら家も売れます。死後に多額のお金を残してもらう必要はないはず。

通信費も、工夫次第でかなり安くなります。たとえばスマホを持つと、ひとり月に6000円以上かかるという人がザラにいますが、格安スマホだと2分の1から3分の1になります。さらに、あまり行かないフィットネスクラブの会費や付き合いで入っている会の会費など、まとまるとかなりの額になるケースもあります。

奥さんとしては、ご主人が入った保険や様々な会の会費は、よくわからないし削りにくいので放ってあるというケースも多い。ここは、もう一度あなた自身が家計の無駄にメスを入れたほうがいいでしょう。

ここがポイント！
細かな節約はしているのに、大きな出費にはメスを入れていない。そんな家計は、ご主人がリードして見直しましょう。

Q

教育費を見直したい

「ふたりの小学生に、ピアノ、水泳、英会話、ダンスを習わせていて、月謝が4万円。妻は、削れないと言いますが、仕方ないのでしょうか」（会社員・40歳）

教育熱心な奥さんのようですが、124ページでも書いたように、子どもに本格的にお金がかかるのは高校・大学です。それまでに貯金をしておかないと、子どもが進学したいというときに、上の学校に行かせてあげられなくなります。実は、家計に占めているお稽古代に悩んでいるのは、あなただけではありません。アクサダイレクト生命保険が0〜9歳の子どもを持つ母親に行ったアンケートでは、回答した1418人のうち58・9％が、お稽古ごとでかかる費用の多さに悩んでいました。

それればかりか、親が決めたことばかりやっていると、自分から何かをやりたいと思えない子どもになってしまう傾向もあるようです。

独立行政法人国立青少年教育振興機構が、日本、アメリカ、中国、韓国の4ヶ国の高校生に行ったアンケートでは、日本の子どもは、「周囲から認められること」とか「高い社会的地位につくこと」「金持ちになること」という意欲は4ヶ国中最低。しかも、「自分の趣味を生かす暮らしをすること」とか「のんびりと気楽に暮らすこと」という希望もないようで、これも4ヶ国中最低。つまり、自分で主体的に考えるというのが苦手なようです。そのせいか、どんなことをしてでも自分の親の世話をしたいと思う高校生の割合は、アメリカは51・9%、中国は87・7%なのに対し、日本は37・9%とこれまた低い。

食費やレジャー費を削ってまで親が子どもに習いごとをさせても、将来、親の面倒を見ようという意欲も持てない子どもになってしまったら悲しいでしょう。

リクルート「ケイコとマナブ」の調べでは、習いごとの数は平均ふたつで、費用は1万3000円程度。だとすれば、あなたの家庭は平均よりはかなり多い。削れるか削れないかを妻に聞くのではなく、子どもたちに、今やっている4つの中から好きなものふたつを選ばせたらどうでしょうか。子どもは、好きなことでしか伸びないのですから。

ここがポイント！

習いごとの平均はふたつで、費用は1万3000円程度。生活が厳しいなら、子どもと相談して取捨選択しましょう。

Q 子ども保険は貯金にならない？

「母から、子どもの学資保険への加入を勧められます。私たちが小さなときに学資保険で有利にお金を増やしたそうですが、今はどうでしょうか」

（会社員・32歳）

「子どもが生まれたら、学資保険（子ども保険）に加入なさい」などと、母親から言われて加入するケースは多いようです。でも、それは母親の時代の話。今だと、わざわざ子ども保険に入るメリットはほとんどありません。

まず、子ども保険に入る目的は、主にふたつ。

（A）子どもの病気やケガに備える

（B）進学するときのお金を貯める

（A）については、今は自治体などで、子どもの医療費をかなりカバーしてくれます。

たとえば東京都では中学校3年生まで子どもの医療費は一部地域で所得制限などはあるも

のの、基本は無料ですから、わざわざ保険に入ることはないでしょう。

また、健康保険対象の入院なら、半年入院しても高額療養費制度があるので、かかる費用は40万円ほどで済みます。年配者と違って、子どもで長期入院が必要なケースは多くないので、仮に自治体の補助がなくても、それほど多くの費用はかからないでしょう。

医療費をカバーするほかにも、子どもが死んだらお金が出ますが、まず、これを目的に保険に入るという親はいないと思います。

保険は、入った年で増え方が違う

次に、（B）の「進学するときのお金を貯める」という目的ですが、今は、運用利回りに当たる予定利率が低すぎて、貯金にはなりません。たとえば、月々5900円払うと、小学校入学時に5万円、中学校入学時に10万円、高校入学時に15万円、18歳で100万円もらえる学資保険の場合、払い込み総額は127万4400円。一方、もらえるお金は130万円で、あなた（相談者）のお母さんがおっしゃるほど増えてはいません。

なのに、なぜお母さんは有利だと勧めるのでしょうか。それは、あなたのお母さんが学資保険に加入した頃は、保険の運用利回りが高かったからです。

保険の運用利回り（予定利率）は、94年3月までは4・75％と高かったのですが、94年4月から96年3月には3・75％、96年4月から99年3月には2・75％と下がり、99年4月からは2％、現在では1％前後です。

こう書くと、ほかが低金利なので、1％ならよいと思う人もいるでしょうが、保険は、貯金とは仕組みが違います。貯金であれば、払い込んだお金がそのまま貯蓄されて増えていきます。1万円払えば、低金利でも1万円に多少なりとも利息が付きます。

けれど保険では、どんなに貯蓄性が高いものでも、まず1万円の保険料から、保険の運営経費が引かれ、さらに死亡保障のためのお金が引かれます。そして残ったものが1％で運用されるので、なかなか1万円にならないのです。

子ども保険は、実はお父さんの保険

民間の子ども保険の中には、子どもが生まれたときに131万8980円支払うと、18歳のときに150万円もらえるというものもあります。18万円も増えるというのは、一見すると下手な貯金よりもすごく見えますが、18年間預けるわけですから、1年にすると1万円。利率は、有利な複利で計算しても0・9％といったところです。

確かに、今の低金利が18年間ずっと続いたとしたら、これでもいいかもしれませんが、金利が上昇してインフレという状況になると、現金で積み立てておいたほうが増えたということになるかもしれません。だからといって、途中でお金を引き出すと、解約手数料で大きく目減りしてしまう可能性があります。

ちなみに、子ども保険は、名前に〝子ども〟とついていますが、実際にはお父さんの保険です。保険料を払い込んでいるお父さんに万一のことがあったときに、その後の保険料が免除されたり、保険によっては年金が支給されます。

ということは、お父さんが元気で長生きしたり、亡くなったとしても家族が路頭に迷うようなことがなければ、わざわざ加入しなくてもいい保険なのです。

ここがポイント！

子ども保険は、お父さんが亡くなっても子どもが勉強を続けられるための保険。お父さんがそこそこの生命保険に加入していれば必要ないでしょう。

Q

買い物控えの寂しさを解消したい

「同窓会でみんな新しいブランドバッグなのに、みすぼらしいバッグで恥ずかしいと妻が言います。私は、老後のことのほうが心配なのですが」

（会社員・53歳）

今、アラフィフ（50歳前後）のあなたの奥さんくらいの女性は、バブルの最中にOLだったという人が多く、バッグや服もブランド品という「バブル女子」が多いようです。

学生時代に親から借金して丸井のカードでDCブランドを買いまくり、社会人になって親に借金を返し終えた頃にシャネルが日本上陸。エルメス、ヴィトンなどの高級ブランド人気に火がつき、中にはこうした高級バッグを男に貢がせる烈女もいました。しかも、山一や拓銀が倒産する前に家庭に入って子育てに専念していたら、バブル崩壊後の荒波はあまり感じていないはず。一方、あなたはバブル崩壊後の厳しくなる会社の中で今も働いている。これが、あなたと奥さんの意識に決定的な違いを生じさせています。

バブルの時代の中で青春を送った奥さんが、新しいブランドバッグを持っている知人に引け目を感じる気持ちはわかります。ですから、ひとつくらいは誕生日に買ってあげてもいいでしょう。質屋の中古品なら、半額以下で買えるものもあります。

ただ、その前に、ふたりで老後の生活について話し合ってみましょう。あなたも定年まで長くて10年余りだということを強調し、その10年間に老後の生活のためにふたりでどれくらいのお金を貯めておかなくてはいけないか、しっかり話し合っておきましょう。しっかり考えて計画的にお金を貯めておけば、「隠れ貧困」に陥ることはありません。

他人をうらやむ気持ちの裏には、自分に自信が持てないということがあるかもしれません。アラフィフで専業主婦の場合、子どもが巣立ってしまうと、夫のように社会に出て働いていないので、寂しくなって、どうしても自分と他人を比べて引け目を感じる傾向があるようです。そうした心情を理解し、ふたりで頑張ろうと、老後に向けた意識が持てれば、案外バッグのことなど気にならなくなるかもしれませんよ。

ここがポイント！

ブランドバッグよりも老後。奥さんにはっきりとした目標ができれば、自分のバッグをみすぼらしいとは思わなくなるかも。

Q

家計のスリム化に必要なものを知りたい

「老後のために、私は一生懸命に節約しているのですが、主人はそんな私を『貧乏臭い』と言い、すぐに喧嘩になります。どうすればいいでしょうか」
（主婦・45歳）

節約しようと思っても、妻がひとりで頑張っただけでは難しいでしょう。妻が電気を消して歩く後から、夫が電気をつけていくようだと、節約にも限界があるからです。

では、どうすれば夫が節約するようになるのか。そのためには、まず家計の月の収入と支出を書き出して、それを夫に見せましょう。明らかに月々の生活費が赤字になっているということがわかれば、夫の態度も変わるはずです。

喧嘩になるのは、一生懸命に節約しているのに評価しない夫に対して腹が立つからでしょう。一方、夫はなぜ妻がそれほど怒るのかわからないので、怒っている妻に腹が立つ。だから、感情的になってしまうのであって、冷静に数字を見せれば、ふだん会社で数字のやり繰りをしているご主人なら、言わなくても家計の状況がわかるはずです。

そこで、ひと言。「赤字なんだけど、一生懸命に稼いでくれているあなたの小遣いだけは削りたくないの」と言いましょう。世の多くの男性は、家庭を背負っているのは自分だという自負を持っているので、夫を思いやるこの妻のひと言で、節約モードに火がつくはずです。

実は、家計の節約を考えるとき、夫の視点と妻の視点は違っているケースが多いようです。夫は会社で数字を駆使して目的達成のための計画を立てるケースが多く、そのために何をどうしなくてはいけないかという目的がはっきりすれば、集中的にその攻略法を考えるという訓練を受けています。これを家計で発揮すると、日々の細かな買い物の工夫ではなく、生命保険や住宅ローン、通信費などの大きな出費にメスを入れることができます。

一方、妻は、夫が気づかない買い物などの細かな工夫に長けています。

この相乗効果が発揮されれば、家計はグンと効率化し、ダウンサイジングします。そのためにも、お互いを尊重し、建設的な方向での家計運営を目指しましょう。

ここがポイント！
お互いに、感情的になってはダメ。尊重し合って、よい面が発揮されれば、家計はみるみるダウンサイジングできます。

Q リストラを人生の転機にしたい

「40歳過ぎたので、リストラの勧告に引っかかりそうで不安です。家族にも言えず、毎日、憂うつな気分です。どうすればいいのでしょうか」

（会社員・41歳）

優秀な人でも、リストラされるときにはされます。あなたの場合、まだリストラされるかどうかはわからない状況ですから、その中で、できる限りの準備をしておきましょう。

まず、しておかなくてはいけないのは、人脈作り。学生時代の恩師や友人はもちろんですが、同業者や取引先、仕事先で新たに出会う人に対しても、常に精一杯の誠意で接することです。仕事ができて信用できると思ってもらえれば、いざというときにはどこかに紹介してくれるかもしれません。

仕事は能力もさることながら、人脈で成り立つものですから、特に、同じ仕事をしている人に高く評価されるというのは大きな強みであり、いざというときのセーフティーネットになります。

自分で辞表を出すことだけはやめる

実際にリストラされると、たぶんショックで落ち込むでしょうが、まず「自分は、悪くない」という前向きな気持ちを持ちましょう。ホントに、あなたが悪いわけではなく、上司や会社に人を見る目がないということなのです。ここで大切なのは、気持ちが後ろ向きにならないことです。

欧米のリストラに慣れている人たちを見ると、実際にリストラを言い渡されると落ち込むどころか、ここからは条件闘争だとばかりにファイトを燃やします。日本人は、「クビだ」と言われると、何か自分に非があったような気がして戦意を喪失して、会社の言うがままに退社するか、逆に、「こんな会社、こちらから辞めてやる」とばかりに辞表をたたきつける人が多いようです。けれど、「クビ」が日常のアメリカ人は、どうせ辞めるなら、少しでも多くのものをもらって辞めようとします。

見栄も外聞もなく条件闘争をするというのは、プライドを捨てて実利を取るということで、これは後々のことを考えるととても大切な一歩です。いったん会社を出たら、一流会社の○○課長という肩書きもプライドも捨て、生きていくことに懸命にならなくては負けてしまうからです。

まず、絶対に退職届は自分からは出さないこと。なぜなら、退職届を出して自己都合で辞めると、もらえる退職金の上乗せ分や失業保険の額に大きな差が出るからです。しかも、失業保険がすぐには出ません。

また、会社と交渉するために、自分の勤務状況がわかるタイムカードや日報などをコピーし、自分に非がないことを認めさせましょう。会社とのやり取りは、しっかり録音しておいたほうがいい。嫌がらせをされて辞めるというような場合、最後の切り札になるかもしれません。

ちなみに、嫌がらせで技術職だったのにいきなり営業に回されたり、関連会社に出向させられたりしたら、しかるべき相談窓口や機関で相談してみましょう。弁護士に相談してみるのもいいでしょう。ネットの「弁護士ドットコム」でも、嫌がらせ法律相談をやっています。

始めることに「遅い」はない

辞める際に、なるべく有利な条件を引き出すと同時に、再就職の活動も始めなくてはな

退職の理由	自己都合	会社都合
給付日数	90〜150日	90〜330日
給付制限	あり	なし
最短支給開始日	3ヶ月と7日後	7日後
国民健康保険税	通常納付	最長2年間軽減
最大支給額	約118万円	約260万円

自己都合と会社都合で失業手当の給付日数や最大支給額がこんなに変わる！

りませんから、意気消沈などしてはいられません。まずは、これまで懸命に働いてきた自分を褒めてあげましょう。自分を無能だと思い込んでしまったり、やる気や自信を喪失してしまっては、再就職で面接に行っても、それが顔に出てしまうものです。そうなると、よい結果は期待できません。

40歳といえば、人生の折り返し地点。もう一度、何かを始めるのには十分時間がある年齢です。これは50歳でも同じで、再就職が厳しければ、今までの技術を活かして自分で会社を興し、小さいながらも一国一城の主《あるじ》になるという方法だってあります。人生は一度だけですから、何かを始めるのに「遅すぎる」ということはありません。

ここがポイント!

リストラされるなら、もらうものはしっかりもらうという根性を見せ、その根性で、新しい一歩を踏み出しましょう。

第6章　「隠れ貧困」対策編　ローン、借金を減らすには

Q 奨学金破綻を解消したい

「新卒で就職できなかったために非正規で働き、学生時代に借りた奨学金が支払えずに困っています。どうすればいいのでしょうか」

（フリーター・30歳）

奨学金が返せずに、北九州市の40歳のフリーターが自己破産したという事件が話題になりました。返済額は、延滞金も含めて約283万円。月14万円の収入で家族に仕送りまでしていたとのことですから、やむにやまれない措置だったのでしょう。

奨学金については、借りて返さないままにしておくと、延滞金が加算されるのでどんどん大きくなっていきます。圧倒的に多くの学生が利用している日本学生支援機構の奨学金の場合、2014年3月27日以前については年10％、以後については年5％。経済的に困難な場合には、返済額を下げてそのぶん長く支払う方法や返済期限を猶予してもらえるケースもあります。適用されるのは、給与所得者の場合、年間収入が300万円以下で、給与所得者以外は年間所得200万円以下となっています。

ただ、返さなくてもよくなるわけではありません。もし、収入があまりに少なすぎてやっていけないなら、弁護士などに相談し、債務整理をすることも考えましょう。

まずチェックしたいのが、自治体の「無料法律相談」。多くの自治体が、無料で法律相談に乗っています。市区町村の役所などに直接問い合わせをしてみましょう。

東京の「弁護士会」でも、初回30分は無料で相談を受けています（http://www.toben.or.jp）。

経済的余裕がない人には、日本司法支援センター「法テラス」にメールするか電話をしてみるといいでしょう（http://www.houterasu.or.jp）。平日は午前9時から午後9時まで、土曜日は午前9時から午後5時まで、電話を受け付けています。

オペレーターが、法律トラブルに関係しそうな法律の情報や法制度を案内してくれます。

経済的に困っている人は、条件を満たせば無料で相談に乗ってもらえ、場合によっては交渉や調停、裁判などの手続きにかかる弁護士料や司法書士の費用も立て替えてもらえます。


ここがポイント！

収入が少なくて奨学金が返せないなら、減額や返済猶予の措置が採れないか聞いてみましょう。それでも返せないなら、無料の法律相談を利用しましょう。

Q

奨学金を借りて、子どもが返せなかったらどうしよう？

「大学を卒業させるお金が足りないので、子どもに奨学金を借りろと言っています。ただ、多額に借りて、将来、子どもが払っていけるのか心配になります」

（会社員・43歳）

給付型の奨学金を出している企業も多い

多くのお子さんは、何とかして借りたお金を返しています。今は、在学中にアルバイトなどをして学費に充てているお子さんもいます。

奨学金は、一定額までは借りられますが目一杯借りてしまうのではなく、社会人としてスタートする時点で返済という大きな重荷で窮してしまわない範囲に抑えたいものです。

実は、少ないですが、返済しなくてよい給付型奨学金というものもあります。

たとえば、「ＪＴ（日本たばこ産業）国内大学奨学金」では、ＪＴ指定の全国33の国公立大学入学者に、入学金30万円と年間授業料54万円が支給されます。加えて、月額奨学金が4年間、自宅生（自宅から通う学生）には5万円、自宅外生（遠方の親と離れて暮らす学生）には10万〜12万円。さらに自宅外生には、入学一時金30万円も追加される手厚いもの

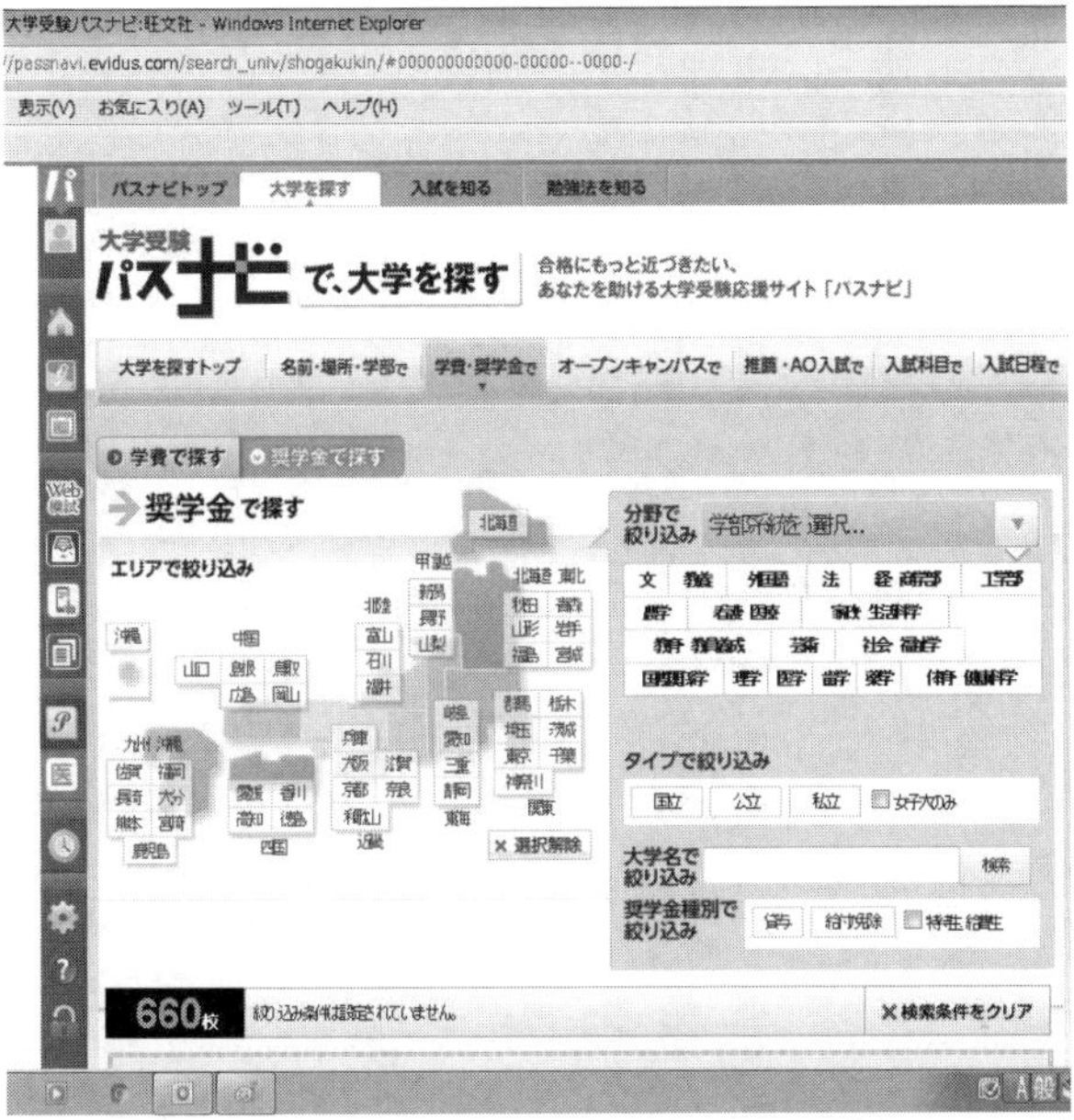

旺文社の「大学受験パスナビ」では、各大学の奨学金を検索することができる（http://passnavi.evidus.com）

です。

「石橋奨学会」は、自宅生には月4万4000円、自宅外生には月5万円が4年間支給されます。世帯年収700万円以下が条件で、高校3年生の12月に募集します。

居住地を限定する奨学金もあります。

「ツツミ奨学財団」は埼玉県内の大学に通うか、埼玉県内の高校を卒業した大学生に、月4万5000円の奨学金を4年間、支給します。

「小野奨学会」は大阪府下の大学の在学生に月3万円を4年間。ほかの奨学金と併用できないものが多い中、こちらは併用可能で、採用規模も370名と多いのが特徴です。

自治体の奨学金は貸与型が多いのですが、地元企業や篤志家《とくしか》の寄付を財源とするものに給付型があります。千葉県の「東庄町《とうのしょうまち》奨学基金事業」は、東庄町に本人か世帯主が住んでいれば、年間最大100万円が支給されます。地元企業の寄付によりますが、進路の拘束はありません。

大学などの奨学金もチェックしよう

医歯薬系の学生は、貸与型奨学金でも返済が免除される場合があります。

「東京都地域医療医師奨学金」は、東京都内の大学医学部に在籍する第5学年以上などの条件を満たすと、月額30万円が2年間貸与されます。医師免許を取得後、都の指定するへき地診療所や救急病院などで勤務するなどの条件をクリアすれば、返済は免除されます。

また、各大学は、独自の奨学金制度をたくさん持っています。

早稲田大学の「めざせ！都の西北奨学金」では年40万円を4年間支給します。関東の一都三県以外の高校出身者で、年収800万円未満、評定平均3・5以上が条件。約1200人を募集する大型奨学金です。

慶應義塾大学でも、1000人近い学生が返済の必要のない奨学金を受けています。最も多い「慶應義塾大学給付奨学金」は、年額20万円、334人が受けています。

そのほか、朝日、読売、毎日などの新聞社では、朝刊・夕刊などを配達してくれる学生に対して、給料と奨学金を出しています。家にお金がないけれど、どうしても大学を卒業したいという志があるなら、新聞配達をするという手もあります。

奨学金については、日本学生支援機構や各大学のホームページに、たくさん紹介されています。狭き門ではありますが、チャレンジしてみる価値はあります。

ここがポイント！

ハードルは高いけれど、給付型や返済免除になる奨学金もあります。返済が必要な奨学金は、なるべく少なくして社会人スタート時の負荷を減らしましょう。

Q

第1のお金のハードル、住宅ローンはどうクリアする？

「5年前にマイホームを買い、住宅ローンを払い終えるのが70歳になります。住宅ローンがあっても、老後は大丈夫でしょうか」

（会社員・40歳）

住宅ローンを何歳までに終わらせられるかで、老後は大きく変わってきます。結論からいえば、年金が支給されるのは65歳からなので、年金生活の中で住宅ローンの支払いも行っていくのは、かなりつらいものがあります。

サラリーマン家庭の場合、奥さんが専業主婦だと、もらえる年金はふたり合わせて20万〜25万円。ここから住宅ローンを支払っていくというのは大変です。ただ、人によっては、会社を辞めたときにもらう退職金で一括払いしてしまうという方もいらっしゃるでしょう。

そこで、ここでは（1）繰り上げ返済をする、（2）65歳で残金を一括払いする、（3）年金をもらいながら住宅ローンを返済していくという3つのパターンをシミュレーションしてみましょう。条件は、5年前に35年ローン3000万円を金利3％で借り、ボーナス時の支払いをゼロとして、月々約11万6000円返済しているケースとします。この条件で、前述の3つのパターンで見てみましょう。

（1）今、繰り上げ返済をするパターン
今、300万円を繰り上げ返済すると、65歳でローンは完済できる。
（2）65歳で残金を一括払いするパターン
もし、65歳の時点で残金を完済するなら、520万円必要。
（3）年金をもらいながら住宅ローンを返済していくパターン
もし何もしないと、65歳から70歳まで月に約11万6000円の住宅ローンを払い続けなくてはならない。

以上3つのパターンを比較すると、早めに繰り上げ返済してしまったほうがよいことがわかるでしょう。
（2）が（1）よりも返済額が多くなるのはなぜかといえば、住宅ローンを借りた方のほとんどは、元利均等方式という最初に多く利息を払う方式で借りているからです。
元利均等方式では、最初から最後まで同じ金額を支払っても、払う元金と利息の割合が違います。はじめは利息が多く、後になるほど元金の返済額が増えます。

たとえば前述の月々約11万6000円を支払っていくケースを見てみましょう。支払いは毎月約11万6000円ですが、借りて1ヶ月目の返済の内訳は、元金約4万1000円に対して利息を7万5000円支払っています。

ところが、65歳時点では元金が約10万1000円払っているのに対して、利息は1万5000円です。ですから、繰り上げ返済するなら、利息をたくさん支払わなくてはならない早い時期に行ったほうが効果的だということになります。

住宅ローンの返済は、ボーナス払いをなるべく少なく

住宅ローンを借りている方は、月々だけで支払っていくと負担が大きいので、ボーナス払いを併用しているケースが多いのではないかと思います。

たとえば、前述の35年ローン3000万円を金利3％で借りて月々約11万6000円返済しているという場合、ボーナス払い併用にすると、月々約7万7000円、ボーナス時23万円という返済にすることもできます。こうすると、月々の返済額はグンと減ります。

ただ、問題は、この先もしっかりボーナスが出るかということ。ボーナスというのは、

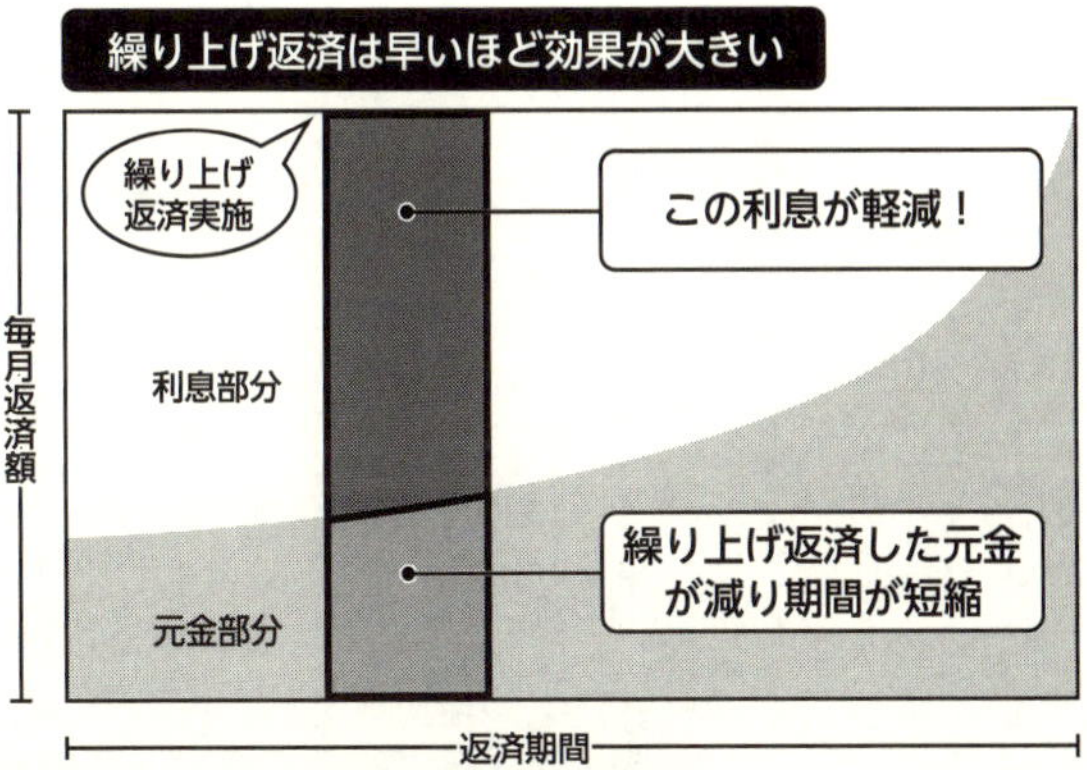

住宅ローンの繰り上げ返済（期間短縮）

借入金3000万円・金利３％の35年ローンの場合、５年目に300万円返すと、４年11ヶ月返済期間が短縮される（軽減される利息は383万円）。上の図の長方形部分が繰り上げ返済した部分で、利息の軽減効果は大きい。

給料の調整弁になりやすいので、不況になると減らされる恐れがあります。また、途中で会社を辞めてボーナスが出ない稼ぎ方になるケースもあるし、今は65歳まで働けるといっても、60歳になるとボーナスがグンと減る可能性もあります。

だとしたら、月々の家計はちょっと苦しくなりますが、ボーナス払いをなるべく少なくしておいたほうがいいでしょう。

ここがポイント！

繰り上げ返済は、早ければ早いほうがおトク。老後の年金生活にまで住宅ローンを持ち込むと、老後の生活が危うくなります。

Q

いざというときのために必要な金額を知りたい

「貯金が400万円ありますが、買って6年目の住宅ローンの繰り上げ返済をしたほうがいいでしょうか、ただ、貯金が減るのは不安です」

（会社員・41歳）

住宅ローンの繰り上げ返済は、借りて10年目まで利息の減り方が大きくなります。ですから、6年目なら、まだまだ大きな効果が望めます。

貯金を切り崩すのに抵抗があるという気持ちはわかりますが、今は低金利で、400万円を定期預金で預けても年0・02％くらいの金利しかつきません。利息に直すと、1年で800円。しかも、ここから税金が引かれるので、手取りは637円ということになります。だとすれば、住宅ローンの繰り上げ返済に回したほうが、よほど有効です。

ただ、手元に現金がないと不安だという気持ちもわかります。家庭生活を営んでいくには、ある程度の現金がなくては、いざというときに対処できません。その目安が、100万円。とりあえず、100万円あれば、何とかなるケースは多いです。残り300万円を繰り上げ返済に回すのです。しかも、あなたの場合には、マイホームを6年前に買ったにもかかわらず400万円の預金があるのですから、貯める余力は十分にあると思います。

住宅ローンの繰り上げ返済をする場合、ふたつの方法があります。返済期間を短縮する方法と返済額を減らす方法です。たとえば、3000万円、35年返済、金利3％で住宅ローンを借りた場合、月々の返済額は11万5455円（ボーナス払いなし・元利均等返済）。6年前に購入したこの家には、まだ約2681万円の住宅ローンが残っています。

今、住宅ローンを300万円繰り上げ返済すると、返済金額が今と同じだと、返済期間が5年9ヶ月短縮されます。

一方、返済期間は同じで月々の返済額を下げると、月10万2513円になります。減る利息だけで見ると、期間短縮は約364万円、返済額減額は149万円。期間を短縮したほうが、倍以上返す利息が減ります。


ここがポイント！

住宅ローンは借りてから10年以内にしっかりローン期間の短縮をするのがベスト。ただし、何かあったときのために100万円だけは手をつけないようにしましょう。

Q キャッシングの罠にはまらないためにすべきこと

「給料が出て20日ほどでお金がなくなり、キャッシングをしてその返済で、また給料が足りなくなるの繰り返し。こんなことでいいのでしょうか」

（フリーター・35歳）

あなたも自覚しているように、こうした状況を続けていくと、いつかは破綻することになってしまうのは目に見えています。

お金を借りると、必ず利息を支払わなくてはなりません。あなたのように、毎月10万円借りてその利息と10万円を毎月返しながら、また10万円借りるということを繰り返していると、金利15％だとしたら年間1万5０００円の利息を払うことになります。

これが5年続けば7万5０００円、10年続けば15万円、20年続けると、支払わなくてもよいはずの30万円を利息として支払うことになります。

もっとも、借金で生活費を補う生活は、そう長くは続かないでしょう。不慮の出来事があると、借金が大きくなっていく可能性があるからです。簡単にキャッシング（借金）をする人は、借りることにあまり抵抗がないので、どんどん借金が膨れ上がっていく傾向があります。そして、10万円が20万円になり、1社で足りないと複数の消費者金融で借りて、気がついたら手に負えるような金額ではなくなっているというケースが多いです。

そうなると、業者からの厳しい取り立てが待っています。取り立て業者は、会社や家族には用件を明かさずに、電話してきます。ただ、横柄な場合が多く、何度か電話を受けた人は、たぶんどういう人なのかピンとくるでしょう。そうなると、職場や家族を巻き込んだ修羅場が待っています。

こうしたことを避けるには、まず、あなたが借金をしないと強く心に誓うこと。そして、とりあえず不足する今月の10万円は事情を話して両親などに出してもらい、余裕ができたら両親に返済すること。「7日間までは無利息」だとか、「初めて借りるなら、30日までは無利息」などと宣伝している会社もありますが、慈善事業ではないので、裏を返せば「7日間まで無利息」にしても、そこで止められる人が少ないということなのです。

ここがポイント！

自転車操業で借金をしているなら、傷が深くならないうちに身内に相談して、借金生活から抜け出すように努力しましょう。

Q

親にお金を借りるときの注意点

「マイホームの改築と子どもの進学が重なり、親にお金を借りようと思っています。親子でも、借用書などは書いたほうがよいのでしょうか」

（会社員・46歳）

今の高齢者は、財産を見るとかなり二極化していて、下流老人もいますが、かなり財産がある方もいます。総務省の調べでは、老人世帯の6世帯に1世帯は、金融資産で4000万円以上持っているというデータもあります。しかも、ほとんどが持ち家で、そのほかに先祖伝来の田畑を持っているという人も多くいます。ですから、オレオレ詐欺に引っかかって、周囲が驚くほどの大金を巻き上げられたりするケースも後を絶ちません。

とはいえ、この財産を、すんなり子どもに渡すかといえば、話は別。昔のように、将来、子どもたちが年老いた自分の面倒を見てくれるという保証がないこと、長寿社会になっていること、社会保障が削られつつあることなどへの不安から、財産について子どもには明かさず、できるだけ持っておきたいと思っています。そんな親に資金援助してもらうなら、借りるという方法を採ったほうが、親も安心でしょう。その場合は、親子でも貸し借りの条件を決めて借用書をつくり、きちんと返済していきましょう。

借用書といっても、金融機関で住宅ローンを組むのとは違い、親子なので面倒な書類作成などの必要はありません。借り入れ目的とその金額、借り入れ日、返済期間、金利などを書いて、貸し主と借り主の双方が署名捺印すればそれでいいでしょう。できればワープロなどでつくって、3万円以上は収入印紙も貼っておきましょう。

さらに、毎月一定額を返済金として親の口座に振り込めば、返しているという証拠も残るので、贈与税の対象とはなりません。

子どもにお金がないことはわかっていて、いずれは自分の財産を子どもに譲ろうと思っている親は多い。けれど一方で、一人前なのだからあまり甘えさせてはいけないという気持ちもあります。そんな親に対して、きちんと借用書をつくり、きちんと返すというのは、親を安心させる一種の親孝行でもあります。

ここがポイント！
親にお金を借りるなら、ワープロで十分なので、収入印紙を貼った借用書をつくり、しっかりと返済していきましょう。

Q

車を買うときに知っておくべきこと

「子どもができたので、2年前に買った車をミニバンに買い替えたいのですが、自動車ローンがかなり残っています。どうすればいいでしょうか」

（男性・35歳）

ローンが残っている車は、基本的には、そのローンを全額返済して自分のものにしないと、勝手に売ることはできません。もし、車を売却すればローンを全額返済してもお釣りがくるというなら、ローンの貸し手と交渉する余地もあるでしょう。けれど、多くの場合は、中古車の買い取り価格は、ローンの額よりかなり低いというのが現状なのでしょう。

そもそも、2年しか乗っていない車を、子どもができたからといって買い替える必要があるのでしょうか。たぶん、子どもとドライブしたりキャンプに行ったりすることを想定しているのでしょうが、子どもがこうしたことに興味を持つのは3~5年先。それまでに、今の車のローンをしっかりと返し、さらにお金を貯めて、車くらいは現金で買いましょう。

自動車ローンを借りると、月々の返済額は低く抑えられるので、大きな出費だという圧迫感はないかもしれません。けれど、計算してみると、意外に多く利息を払っています。

200万円の車を５年ローンで買う場合

金利	月々の返済額	支払う利息（合計）
4%	約3万7000円	約21万円
5%	約3万8000円	約27万円
6%	約3万9000円	約32万円

10年ローンで買う場合

金利	月々の返済額	支払う利息（合計）
4%	約2万円	約43万円
5%	約2万1000円	約55万円
6%	約2万2000円	約65万円

たとえば、２００万円の車を10年ローンで買う場合、金利４％なら月々の返済額は約２万円で、支払う総利息は計約43万円。５％なら月々の返済額は約２万１０００円で、支払う総利息は計約55万円。６％なら月々の返済額は約２万２０００円で、支払う利息は計約65万円になります。

ここがポイント！

２００万円の自動車ローンを、金利５％、10年返済で借りたら、返す利息の総額は50万円を超えます。車くらいは、お金を貯めてから買いましょう。

【取材レポート①　ギリギリの家計で生き抜く人々】

ローンや保険料の支払いで貯金がまったくできない
――立花裕子さん（仮名・35歳女性・千葉県在住）

夫（35歳）は実家が写真屋で、そこで学校関係の行事撮影を行うカメラマンをしています。私は、週2、3回バイトをしています。子どもは長男（9歳）と長女（5歳）。夫は実家から「これ以上給料を上げられない」と言われました。

最近35年ローンで一戸建てを買い、幼稚園は、公立だと待機児童が多く入れないので、入れる私立に入れました。私立の中でも安いところを選んだつもりです。習いごとは、長男がスイミングと野球、長女が幼稚園でピアノとダンス。子どもはもっといろいろやりたいと言いますが、これ以上は増やせないので我慢させています。

保険料（保険料は生保が1万3930円と4334円、学資保険が4130円と1万1720円、ガン保険が2000円、終身保険が4370円と4695円）が高いのは仕事先の依頼で仕方なく。

外食の費用が月に1万5000円と高いのは、習いごとのあとは時間が遅くなってしまうためで、主にフードコートやファミレスに行くからです。千葉在住なのにディズニーランドにも行けません。お出かけといえば、週末には駅のそばのイオンに行って子どもを遊ばせることくらいですから、子どもは、飛行機にも新幹線にも乗ったことがありません。

交際費は、幼稚園のママ友とのランチ。けれど、誘われても何回かは断らなければいけないので、惨めさを感じます。

ギリギリの家計で貯金がまったくできないので、下の子が小学生になったらパートで働きたいと思っています。今はいいけれど、将来どうなるのか不安です。

収入	夫の収入 月収30万円、年2回20万円のボーナス	
	計	**(年収400万円)**
支出	ローン支払い	7万円
	市税・国保・年金	5万円
	食費	4万5000円
	公共料金	2万5000円
	衣料品	1万～2万円
	日用品	1万～2万円
	保険料	4万5000円
	習いごと	2万5000円
	夫に小遣い	3万円
	交際費	1万円
	計	**32～34万円**

【著者からのアドバイス】

ママ友は、どんな友達ですか?

友達とは、いろいろなことで励まし合ったり助け合ったりできる一生涯の関係ですが、ママ友は、たまたま子ども同士が一緒の幼稚園に行っているので親しくしている程度の関係だという人が多いのではないでしょうか。だとすれば、ランチを断ることを、惨めだなどと思う必要はないし、頻繁に食事に付き合う必要もありません。

それよりも、働く気があるなら、なるべく早く本格的に働き始める準備をしたほうがいいでしょう。働き始めると、収入が増えるだけでなく、ママ友とランチをしている時間もなくなりますから、交際費も減ってそのぶん貯金ができるでしょう。

下のお子さんが小学校に入学するまでは、1日数時間の短時間パートをして働くことに慣れ、小学生になったらフルに近いかたちで働くようにするといいでしょう。

保険は、仕事先の依頼で仕方なく入っているとのことですが、4万5000円といえば月収の15%。そんなに支払って、どれくらいの仕事をもらっているのでしょうか。あなたのご家庭で払える妥当な保険料は、月収の5%程度、せいぜい1万5000円。必要な保障だけに絞れば、今の保険料から3万円は貯金できます。

習いごとの後は、早く帰って家で食事するか、お弁当をつくって持って行く。そうすれば、ママ友とのランチ代の節約分と合わせて月に4万円は貯金できます。

月に4万円の貯金ができれば、ふたりの子どもが大学に入るまでにそれぞれ300万円ずつ用意してあげられます。大学入学時点で300万円を親が用意してあげ、あとは本人が奨学金を借りたりバイトをすれば、何とか大学を卒業することができるはずです。

ご主人は、実家の手伝いをしているということですから、会社員と違って国民年金なのでしょう。そうなると、老後にもらえる年金は、ふたりで月に10万円ちょっとということになります。ところが、35年返済の住宅ローンを組んでいるので、今のままだと10万円の年金の中から7万円の住宅ローンを70歳まで支払っていかなくてはならないということになりそうです。

そうなると、老後はかなり大変になるのではないでしょうか。今から、あなたがしっかり働いて、働いたぶんのお金は貯金し、住宅ローンの繰り上げ返済に回しましょう。そうすれば、老後にもかなり余裕ができ、子どもにも迷惑をかけるようなことはなくなるはずです。

第7章　「隠れ貧困」対策編

老後資金の不安に答える

Q

第3のお金のハードル、老後資金は大丈夫か

「年金制度が破綻するのではないかと心配です。高齢者はもらえるかもしれませんが、私たちが年金をもらう頃には、破綻しているのではないでしょうか」（会社員・45歳）

年金は、日本の国自体が破綻しない限り、破綻することはありません。皆さんの中には、日本は借金が1000兆円以上あるのだから、財政破綻するのではないかと心配する方もいらっしゃることでしょう。確かに、国は多額の借金をしていますが、その9割以上は、日本国民から借りています。つまり、家庭内で、お父さんがお母さんに借金しているようなもの。

ギリシャのように、8割を海外から借りていると取り立ても厳しいですが、日本の場合には、私たちが年金や保険、預貯金などで預けたお金を国に貸しているのです。ギリシャ政府は、お金が足りなくなっても独自にユーロを発行できませんが、日本政府は円を発行できます。この違いは、大きいです。

実は今、国の借金である国債の最大の債権者（最もたくさん持っている者）は日本銀行で

す。2015年9月20日現在で、日銀が持っている国債の残高は約312兆円。

いま日銀は、銀行から国債を買って日銀券を渡す大規模な金融緩和をしています。これは、まだまだ続き、数年すれば1000兆円という国債の半分くらいは日銀が持つということになっているのではないかといわれています。

日本には徴税権があるので、簡単には破綻しない

日銀が買った国債には事実上、政府は利払いをしなくてもいい。日銀が政府から払ってもらった国債の利息は、大部分を儲けとして政府に戻すことになっているからです。

つまり、子どもが親にお金を貸しているようなもので、家計全体で見ると、借金がどんどん減っているのと同じ状況になっています。

しかも政府は、国債の償還《しょうかん》ルールを変えられます。日本国債は60年かけて返す「60年償還ルール」になっています。これにより、10年で満期を迎える国債でも、60年の間にすべて返せばよいことになっています。

これは、そもそも建物などを建てるときに資金調達のために国債を発行したりしますが、60年くらいは建物がもつだろうということで設定されたルールです。これを、最近は技術

も進歩しているので100年くらいは建物がもつだろうということで「100年償還ルール」に変えれば、返済期間はかなり減ります。しかも、その間にインフレになれば、実質的には借金が減っていくことになります。

さらに、国は徴税権といって、税金を皆さんから払ってもらう権利を持っています。税金を払うのは国民の3大義務のひとつですから、政府が徴税を決めたら払わないわけにはいかない。その徴税権の打ち出の小槌となりそうなのが、マイナンバー制度です。

国が破綻しないのに、年金だけが破綻することはない

日本の国が破綻しないなら、年金制度も破綻しません。

日本の年金は、25年加入していると年金をもらう権利が発生します。2017年4月に予定の消費税の10%への引き上げに伴い、10年以上加入していれば、年金をもらう権利が発生するようになります。

今、年金財政が大変なことになっているのは、年金の受給権を持っている人がたくさんいて、この人たちに総額約700兆円のお金を払わなくてはならない約束をしているからです。これが、いわゆる年金債務です。もし国が、年金が破綻したということでこのお金

を支払わなかったら、700兆円もらえるはずだった人たちが、いっせいに国を相手取って訴訟を起こすことでしょう。そうなれば、負ける可能性が大きく、700兆円を大きく越える損害賠償を一気にしなくてはならなくなり、確実に国は破綻するでしょう。

ですから、国が破綻せずに年金だけが破綻することはないでしょう。ただし、もらえる年金額は減ります。

ちなみに、政府は、2016年10月から501人以上の企業のパートを、社会保障に加入させることにしました。これを皮切りに、3~4年後には中小企業のパートにも制度を拡大していく方針です。

最終的には、600万人のパートを年金に加入させ、制度の底支えをしようとしています。これだけ加入者を増やせば、支払いが最も大きい団塊世代の年金支給を切り抜けられるかもしれません。

ここがポイント!

国が破綻しない限り、年金はもらえます。そして、この国は当分破綻しません。ただ、もらえる年金額は徐々に減るでしょう。

Q

公的年金はいくらもらえるのか？

「私たちが年金受給者になる頃には、年金の支給額が目減りしているのではないかと心配です。いくらくらいもらえるのでしょうか」

（会社員・40歳）

もらえる年金の予想額について厚生労働省が出している8通りの経済前提の中の「標準的なケース」を見ると、27年後（2043年度）の年金受取額は、月約24万4000円となっています。月24万4000円なら、現在の約22万円よりも増えているのでうれしい気がしますが、この頃には働く世代の給料も1・39倍に増えている前提なので、この給料の上昇分で今の価格に置き換えるとすれば、月18万円くらいになります。

だからといって、必ず現在価格で月18万円もらえるのかといえば、そうとは限りません。経済状況がかなり変わっている可能性があるからです。年金支給額は、加入期間や現役時代の給料、家族構成、社会状況などでも変わります。

ですから、将来のことはわかりませんが、もうひとつの目安としては、物価が上昇しても年金額はそれほど上がらないという方式を使うこともできます。これはマクロ経済スライドといって、年金の上昇分から一定の数字を引いていくというものです。

マクロ経済スライドでは、現在のところマイナス0・9％の調整率なのでこれを当てはめてみると、現役時代に700万円の年収があるなら、今40歳の方が65歳になって妻とふたりで年金をもらうとなると月約19万円になります。現役時代の年収が500万円だと、65歳から月約16万円もらえることになります。

25年後には、支給年齢も引き上げられている可能性も

もちろん、これはひとつの目安でしかありません。また、40歳だと、さらなる年金改革で支給年齢が引き上げられる可能性もあります。年金が、現行の65歳支給から67歳、68歳の支給になるかもしれません。もしかしたら、70歳支給になっているという可能性も否定できません。

ただ、今の40歳の方たちが年金をもらい始める25年後からは、受給者が最も多い団塊の世代の数が徐々に減ってきます。もちろん、年金を支える若者の数も減っていく可能性があるので政府にはしっかりと少子化対策をしてもらわなければ困りますが、団塊の世代が給付対象から外れてくると年金財政にも改善の余地が見えてくるかもしれません。とはい

え、給付額が減るということはほぼ確実です。

年金は、老後のためだけにあるのではない

年金というと、老後にもらう年金額ばかりが気になりますが、実は、将来支給される老齢年金のほかに、大黒柱を失ったときに支給される遺族年金や障害を負ったときに支給される障害年金があります。

サラリーマンの場合、妻（収入が約850万円以下）と幼い子どもをふたり残して他界すると、子どもたちが18歳になるまで、月々15万円前後の遺族年金が支給されます。本人が住宅ローンを借りていると、団体信用生命保険に加入していれば住宅ローンの残債はなくなります。

つまり、住宅ローンがなくなった家に住み、月に15万円前後の遺族年金が支給されれば、何とか食べていくことはできるでしょう。2014年4月からは、妻が亡くなった場合も、子どもが18歳未満なら遺族年金が支給されるようになりました。支給額は国民年金の方で、子どもひとりなら月約8万4000円、ふたりなら約10万円。

だとすれば、ご主人が亡くなっても家族は食べていくことはできます。ただ、子どもの

教育費までは出せないので、子どもひとり1000万円として合計2000万円の教育費を生命保険で確保すればいいということです。たぶん、もっと高額なものに加入している人が多いと思うので、保険を見直して貯金に回しましょう。

生命保険文化センターによると、生命保険の保険料は一世帯平均約42万円。これを半分にカットできれば、年間20万円以上貯金ができます。老後までの25年間で、500万円の差になります。

また、障害年金があると、様々な障害を負ったときに、かなりの助けになります。事故やケガだけでなく、がんや脳・心臓疾患をはじめ、精神疾患も含めて数多くの病気が受給対象となっています。

ここがポイント！

遺族年金・障害年金を上手に使えば、もっと貯金を増やすことができます。

Q

個人年金は入ったほうがいい？

「老後のために、保険料が安い若いうちに個人年金に入っておいたほうがいいと勧められています。入るなら、早いほうがいいのでしょうか」

（会社員・40歳）

保険料が安いのは、あなたが若いから。保険料を安くしてくれているわけではありません。65歳で個人年金をもらうとすると、50歳からだと15年間保険料を支払うのですが、40歳からだと、65歳まで25年間保険料を支払うことになります。若い人ほど支払い期間は長くなるので、保険料が安くなるのは当然なのです。

それどころか、若いうちから保険料を支払ったほうが、割高かもしれません。個人年金の保険料は、保険会社の経費と掛け捨ての保障、そして年金をもらうための積立の3つで構成されています。

たとえば、あなたが1万円の年金保険料を支払うと、その中から保険会社の経費（外務員のマージンも含まれる）を引き、保険である以上は掛け捨ての死亡保障などの保険料も引かれます。その残りが、将来あなたがもらう個人年金として積み立てられていくのです。

そう考えると、50歳の人に比べて40歳の人のほうが、経費などを支払う期間が長くなりますから、相対的に見ると割高と言えないこともありません。

年金に入るなら、ずっとお金を貯めておいて、直前に「一時《いちじ》払い」というまとめ払いで入る方法もあります。もしかしたら、これが一番有利かもしれません。

たとえば、現在50歳の人が、65歳以降に総額1200万円を受け取れる保険に加入するとします。15年間、年払いで保険料を納めるのにくらべ、一時払いはどれだけお得でしょうか。ある大手生保会社の商品を例にとると、こうなります。

○年払いの場合
74万1612円（年）×15年＝1112万4180円（支払保険料総額）

○一時払いの場合
1038万5312円（支払保険料総額）

その差はじつに74万円にもなります（1112万4180円－1038万5312円＝73万8868円）。「借金減らして現金増やせ」の効果がおわかりいただけるのではないでしょ

10年保証期間付終身年金の例

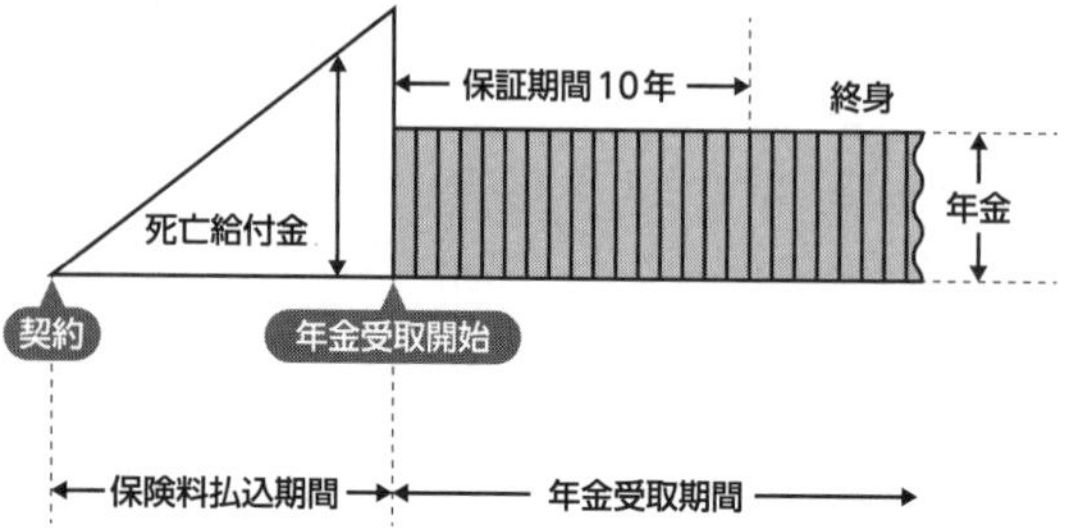

オーソドックスなタイプの一例である「保証期間付終身年金」は、契約から保険料払込期間は死亡給付金が増え、払込期間が終わると保証期間中は生死に関係なく年金が受け取れ、その後は被保険者が生きている限り、終身にわたって年金が受け取れるものをいう。

うか。

個人年金には、「従来型」と「変額型」というふたつのタイプがある

個人年金については、すでに、運用利回り（予定利率）が高いときに個人年金に加入している方は、老後までに大切にしておけば大きく増えます。ただ、これから加入するという方は、年金よりも現金で貯めておいたほうがいいでしょう。

なぜ、これからの老後を考えるのに、個人年金がダメなのかを考えてみましょう。

個人年金には、大きくふたつのタイプがあります。「月々○万円払えば、将来○万円もらえる」という、あらかじめ将来もら

年金原資が払込保険料を上回った場合

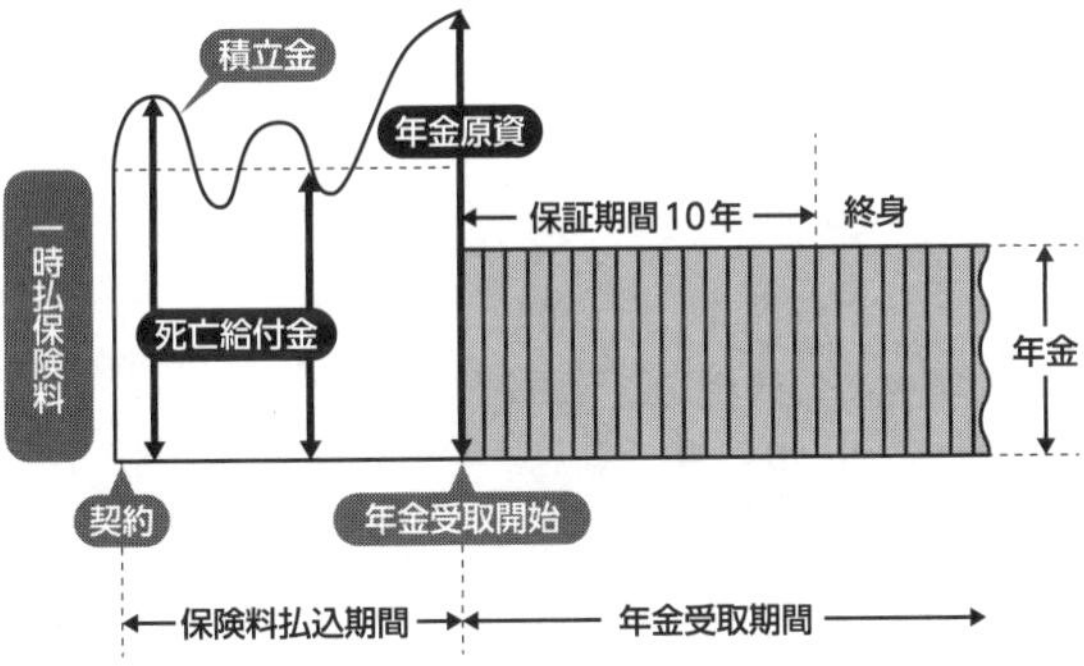

年金原資が払込保険料を下回った場合

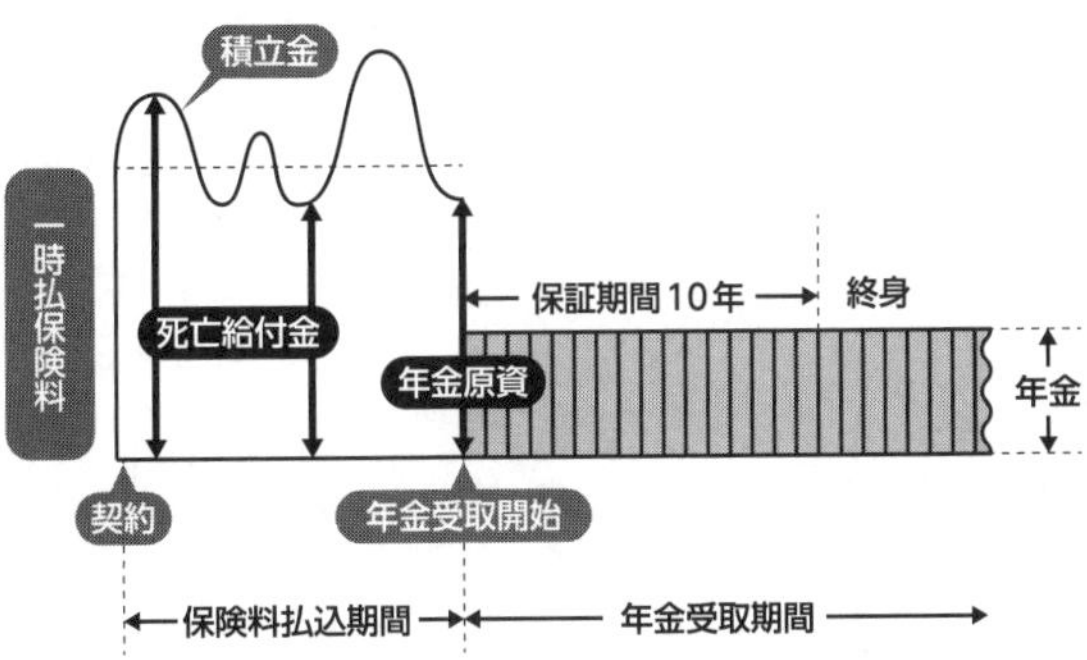

「変額個人年金」は、年金額などが運用実績によって変動するもので、年金原資が保険料を下回ると、将来もらえる年金額が減る場合があるなど、仕組みをよく理解して利用する必要がある。

える額が決まっているオーソドックスなタイプと、変額個人年金といって運用次第でもらえる金額が変わるタイプです（前掲の表）。

「月々○万円払えば、将来○万円もらえる」というオーソドックスなタイプには、年金をもらう期間が決まっている確定年金型と、死ぬまで年金がもらえる終身型があります。終身型といっても、年金をもらい始めてすぐに死んでしまうとあまりにも保険料のかけ損になるので、一定期間は最低保障されているタイプがほとんどです。

変額個人年金は、運用次第でもらえる年金額が変わってきますから、将来もらえる金額についてはわかりません。そこでまず、従来型のオーソドックスな個人年金について見てみましょう。

従来型の個人年金は、運用に旨みなし

「40歳で月2万円ずつ支払えば、65歳から10年間、月5万5０００円もらえます」という従来型の個人年金の場合、月2万円払って5万5０００円ももらえるなら有利な気がする方もいるかもしれません。けれど、5万5０００円といっても、もらえるのは25年後です。25年後には、もしかしたらインフレになっていて、コーヒー1杯が1万円になっているか

もしれません。

つまり、このタイプの個人年金は、時間というリスクを抱えているということです。

しかも、今入っても個人年金の運用利回り（予定利率）は、ほとんどが1％前後。どんなに世の中の金利が上昇しても、いったん入った個人年金の運用利回りは変わらないタイプがほとんど。つまり、一般的な金利が10％になっても、この年金は最後まで1％でしか運用されないということです。

運用利回り1％なら、銀行預金よりもいいと思う人もいるでしょう。けれど、預金なら1万円預けると預けた1万円に対して0・02％でも利息がついて増えますが、保険や個人年金は、1万円の保険料を支払うと、そこからまず保険会社の経費が引かれ、何らかの保障料が引かれ（保障がないと保険にならないので）、残りが1％で運用されるので、払った1万円がなかなか1万円にはなりません。

変額型は、運用で目減りしなくても手数料で目減りする可能性あり！

では、従来型の個人年金ではなく、「運用次第で、将来の年金が増える」という変額個人年金はどうでしょう？　確かに、変額個人年金は、預かったお金を株や債券などで運用していく商品なので、運用次第で大きく増える可能性もありますが、逆に目減りしてしまう可能性もあります。

こう書くと、チャンスはフィフティー・フィフティーという気がしますが、そう思ったら大間違い。実は、変額個人年金は、減る可能性のほうが大きいのです。なぜなら、手数料が高いからです。

たとえば、郵便局で販売している某変額個人年金保険は、加入する時点で契約時費用として4％の手数料を支払い、さらに、加入し続けている間は、積立金に対して保険関係費用年1・4725％、運用関係費用年0・486％、純保険料年1％を引かれます。この3つを合計すると、保険運用中に約3％が手数料として引かれるのです。

もしこの商品で、運用で増えもせず減りもしないという状況が25年続いたら、どうなるでしょう。損もせず、得もしないのだから、1000万円は1000万円のままだろうと思いがちですが、とんでもない。加入するときの40万円と、毎年約3％の手数料が引かれ続けるので、25年後にはなんと半額の500万円を切ってしまうのです。

30代、40代で大切なのは、「年金より現金」

公的年金が頼りないので、将来が不安な気持ちになるのはわかります。けれど、だからといって個人年金に飛びつくのは早計ではないでしょうか。

30代・40代は、住宅ローンの支払いや子どもの教育資金がかかる年代。だとすれば、しっかりお金を貯めて、少しでもローンを減らすことを考えたほうがいいでしょう。

住宅は、買ったばかりなら、約1000万円繰り上げ返済すれば約1000万円の利息を払わなくても済みます（繰り上げ返済の期間短縮の場合）。今どき、1000万円投資して2000万円になる投資商品などはありませんから、投資などするよりも住宅ローンを返したほうが、よっぽど儲かることになります。

仮に、住宅ローンを繰り上げ返済して早く終わらせられたら、それまでローンで支払っていたお金を貯金に回せます。たとえば、年間150万円をローンで支払っていたご家庭で、55歳までに住宅ローンを終わらせることができたとしましょう。年金をもらう65歳までの10年間、ローンの支払いがないぶん年間150万円ずつ貯金できれば、1500万円も貯まります。

また、55歳になれば、子どもも一人前になっているので、妻がパートで働きに出るということも可能でしょう。そうなれば、月の収入と合わせて65歳までに2000万円を越える貯金ができるかもしれません。ここに退職金をプラスすれば、老後の不安はかなり解消されることでしょう。

ここがポイント！

30代・40代は、遠い将来よりも足下固め。「年金より、現金」という言葉を肝に銘じて、しっかり現金貯金を増やしましょう。

第8章　「隠れ貧困」対策編　病気や介護に備える

Q

入院したときのお金は?

「入院したらお金がかかると言われ、大型の医療保険に加入していますす。そのために貯金があまりできないのですが、こんなことでいいのでしょうか」

（会社員・50歳）

病気になったときのことが心配で、山のように民間の生命保険に入っているという人はかなりいるようです。けれど、日本では全員が健康保険・国民健康保険に加入しているので、病気になっても健康保険対象の治療なら1～3割の自己負担で診てもらうことができます。たとえば、入院して月100万円かかったとしても、3割負担なら30万円の自己負担で済みます。

さらに、「高額療養費制度」という、かかった医療費が一定額以上になったら、越えたぶんを払い戻してくれる制度もあります。入院して月に100万円の医療費がかかり、自己負担が3割の月30万円になったとしても、実際には「高額療養費制度」で8万7430円以上はかかりません。

この「高額療養費制度」は、収入に応じて負担が変わり、70歳未満は5段階になっています。年収が約770万円以下の家庭だと、月に100万円の治療費がかかっても8万7430円、年収約370万円を下回ると、どんなに医療費がかかっても月5万7600円で済みます（低所得者は3万5400円）。

しかも、月100万円の治療を受けて入院し続けても、年収約770万円以下は、4ヶ月目からは4万4400円に下がります。また、住民税非課税者はもっと安くなります。

70歳以上はふたりで入院費が月200万円でも、自己負担は4万4400円

70歳以上は、月収28万円以上の現役並みの所得があれば、100万円の治療を受けたら月の自己負担は8万7430円になりますが、普通のご老人は1ヶ月にどれだけ医療費がかかっても、4万4400円しか支払わなくてよいことになっています。住民税が非課税の方などは、さらに安くなっています。しかも、「高額療養費制度」では、「世帯合算」や「多数該当」などで、自己負担をさらに減らす制度があります。

たとえば、不幸にも、あなたと奥さんが病気で同時に入院し、ふたりとも100万円分の治療を受けたとします。この場合、月に200万円の医療費の3割負担なので、それぞれ30万円ずつで合計60万円になるかといえば、そうではありません。ふたりの医療費を

例 70歳未満、年収約370～770万円の方

100万円の医療費で、窓口の負担（3割）が30万円かかる場合

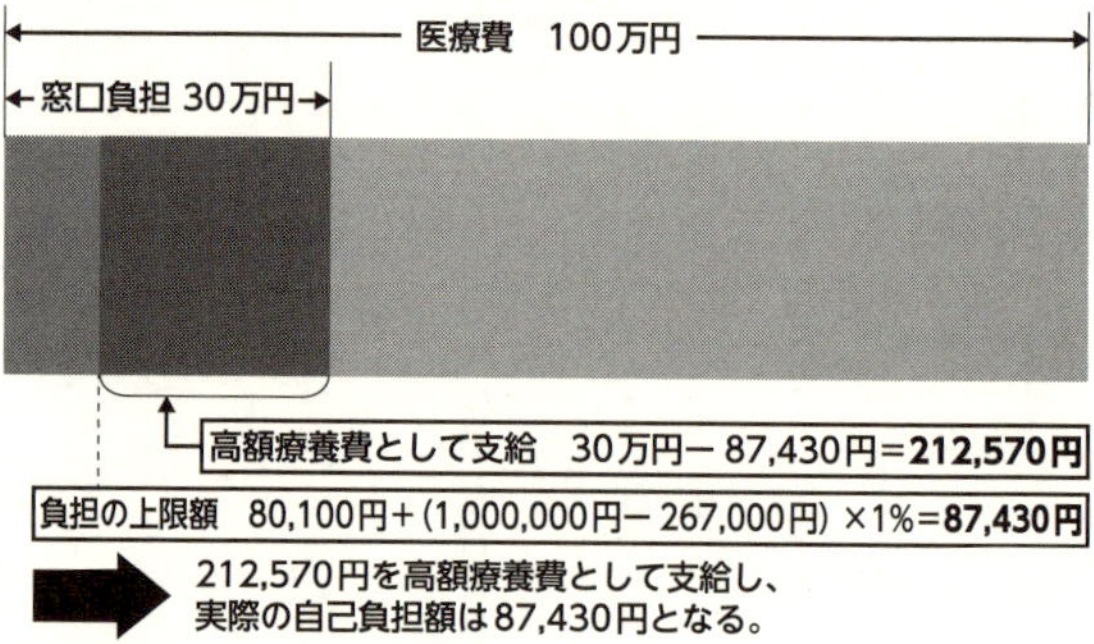

高額療養費制度とは医療機関や薬局の窓口で支払った額が、1ヶ月のうちに一定額を超えた場合、その超えた金額が支給される制度。ただし、医療機関や薬局の窓口で支払った額には入院時の食費負担や差額ベッド代等は含まれない
（図の出典・厚労省保険局「高額療養費制度を利用される皆さまへ」）。

「世帯合算」して高額療養費制度が使えるので、10万円以下で済みます。

70歳以上だと、ふたりで200万円の治療を受けても、「世帯合算」を使えば、なんとふたりで月4万4400円の支払いで済みます。ただし、医療保険での「世帯」とは、一般的なイメージの「世帯」とは違います。一緒に住んでいても75歳以上は後期高齢者という区分になり、別の「世帯」とみなされ合算はできません。

「多数該当」とは、前述した入院4ヶ月目から下がる医療費のことで、直近の12ヶ月間に3回以上高額療養費制度の支給を受けている場合に適用されます。

たとえば、通常の収入の人が月100万

円の治療を受けても、「高額療養費制度」が適用されると8万円ちょっとでいいですが、4ヶ月目からはさらに4万4400円に下がります。こうした制度をしっかり使えば、今の医療制度が存続する限りは、医療費負担の心配はそれほどないということで、知っていればそのぶん保険を小さくすることができます。ただし、個室など健康保険の対象外の要求をすると、自己負担になります。

ここがポイント!

「高額療養費制度」があれば、半年入院しても治療費の自己負担は50万円以内。しっかり理解できれば、そのぶん医療保険を小さくできます。

Q 病気で会社を休むときの補償について知りたい

「主人が病気で働けなくなったときのことが心配で、所得補償保険に入ったのですが、そのせいで月々の保険料がかなり高くなりました。どうすればいいですか」

（主婦・48歳）

大黒柱がケガや病気などで働けなくなると、生活が不安定になります。そのため、病気やケガで働けなくなったときに生活を補償してくれる保険が人気となっています。

ただ、こうした保険は、意外と保険料が高い。特に、働き盛りで収入も多い年代ほど、同じ金額を補償しても保険料が高い傾向にあります。しかも、病気やケガで会社を休む確率はそれほど高くないので、保険料を払いっぱなしというケースも多いようです。

こうした保険に加入する前に知っておきたいのが健康保険の「傷病《しょうびょう》手当金」について。サラリーマンだと、健康保険に加入していて毎月保険料を支払っています。この健康保険から、病気やケガで会社を休んでいる間は、給料の3分の2が「傷病手当金」として支給されます。たとえば、月収30万円（標準報酬月額）の場合、1ヶ月会社を休んだら、給料の3分の2にあたる約20万円が支給されます。

支給期間は、最長で1年6ヶ月。ですから、精神的な病気を除くと、だいたいはこの範囲内で会社に出社できるようになります。その間は、奥さんがちょっとパートにでも出れば、極端に生活のランクが下がるというようなことはないでしょう。

また、うつ病の場合も「傷病手当金」を受け取ることができます。精神疾患は長期化しやすいので、もし傷病手当金の支給が終わっても治癒していないときは、障害年金の申請をしてみましょう。

年金には、65歳からもらえる老齢年金だけでなく、家族が亡くなったときのための遺族年金、障害を負ったときの障害年金があり、うつ病などは度合いにもよりますが、この障害年金の対象になります。

ただし、自営業者の場合には、「傷病手当金」は出ないので、しっかり貯金をしておくか、何らかの補償をつけておいたほうがいいかもしれません。

ここがポイント!

夫が病気やケガで働けなくなっても、会社員なら治癒して復帰できるまで、最長1年6ヶ月は給料の3分の2を「傷病手当金」としてもらえます。

Q

生命保険におトクに入る方法

「生命保険に入りすぎと言われていますが、何に入っているのかよくわからず、損している気がします。一番おトクなものを教えてください」

（主婦・38歳）

一番おトクなのは、保険に加入してすぐに病気になったり死んだりすることです。

生命保険は、同じ年齢、同じ性別の人でグループをつくって、そのグループの中で病気になったり死ぬ確率から保険料を割り出し、保険料をみんなから徴収して、その中で1年の間に病気になったり死んだりした人がいたら、みんなが払った保険料をその人がもらう仕組みです。幸いにも、そうした人が出なかったら、配当として各自に分けられてその年は終わります。つまり、生命保険に入っていても、病気になったり死んだりしない人は、延々と誰かのためにお金を払い続けるということになります。

また、お守り代わりに生命保険に入るという人もいますが、生命保険はお守りにはなりません。保険に入ったからといって、入院や死は避けられません。保険とは、「病気になったら、60日間、1日5000円のお金が出ます」という、単なるお金の契約なのです。

だとすれば、病気になっても30万円（5000円×60日）のお金があれば、保険に入る必要はないでしょう。

あなたのように、内容もわからずにお金を払い続けているというのは最も無駄。月々1万5000円の保険料でも、30年間払い続ければ、540万円を支払うことになります。もし、それを貯金していたら、利息も合わせて700万円くらいにはなることでしょう。

生命保険はアフターフォローのない商品

保険を選ぶときに、保険会社の規模や営業の丁寧さで選ぶという人は多いようです。けれど、生命保険というのは、実はアフターフォローが必要ない商品です。

自動車保険や火災保険などは、事故や火災が起きたときに連絡したらいち早く駆けつけてくれて、自分は何もしなくても自動車をレッカーしてくれたり相手との示談交渉をしてくれることが大切になる、まさにアフターフォローが大切な商品です。

けれど、生命保険は、死んだり病気になったという電話を生命保険会社に入れたらすべてやってくれるわけではありません。死亡診断書をもらうのも、入院した証明書をもらうのも、自分でやり、それを保険会社に届けなくては保険はおりません。

こう書くと「でも、うちは3年に一度は生命保険会社の人がやってきて、家族の状況に合わせて保険を見直ししてくれる。これって、アフターフォローじゃないの?」という方がおられるでしょう。

確かに、世の中には親切な人もたくさんいますから、家族のことを心から思ってくれる親切な外務員の方もおられるでしょう。けれど、そうではなく、保険の掛け替えをさせるだけの目的で来る人もいます。

なぜなら、外務員の方のマージンは3年くらいで切れますが、新しい保険に入り直させれば、また新たにマージンが発生するからです。誰もが、親切だけでやってくるわけではないのです。

同じ保障なら、保険料の違いは手数料の違い

生命保険の保険料は、死んだとき、病気になったときにお金をもらうための掛け捨ての保障に、保険会社の手数料をプラスした金額です。つまり、当たったら大きい掛け捨てのクジに、クジの販売会社の手数料が上乗せされているようなもの。そして、このクジの値段はほとんど同じです。

なぜなら、日本人の同じ年齢、同じ性別の人が、病気になったり死亡する確率は同じで、生命保険会社はほとんど同じデータを使っているからです。

同じ保障なのに保険料が違うというのは、上乗せする手数料が違うということなのです。掛け捨ての死亡保障、医療保障の値段は同じでも、手数料については保険会社が各自で決めることができるのです。

つまり、保障が同じで入院したら最長60日間、1日5000円が支給される医療保険があったとしたら、保険料が月3000円の保険よりも月2900円の保険のほうが保険会社の手数料が安い保険ということになります。

最近は、インターネットで保険を販売する会社も増えてきました。インターネットの場合、人件費がかからないのでそのぶん手数料が安くなります。アフターフォローがいらないなら、それでもよいのではないでしょうか。

ここがポイント！

生命保険の保険料は、掛け捨ての死亡保障、掛け捨ての医療保障に、保険会社の手数料を上乗せした値段。同じ保障なら、安いほうがいいでしょう。

【取材レポート②　ギリギリの家計で生き抜く人々】
年収600万円だが、妻の治療費が莫大で各所から借金
――小沢進さん（仮名・55歳男性・中国地方在住）

妻55歳、次女25歳、長男24歳と同居。妻はガンで2度手術した後、他の部位に転移が見つかり再手術で切除しましたが、播種《はしゅ》は取りきれず、現在抗ガン剤治療中。具体的には通院したときの点滴と、自宅で毎日摂取する錠剤のための費用で月々9万円かかるために、生活はかなり苦しくなっています。

そのため、各所から借金をしました。親戚から合計約850万円、知人から約120万円、銀行からの借り入れが返済できなくなったため、信用保証協会から約350万円。また以前住んでいた町の国民健康保険税の未納分と延滞金が約250万円、自営業をしていた際の業者さんからも約30万円借りています。

同居している次女は働いていて、給料のうち通勤するためのバイクのガソリン代と小遣い以外を、家に入れてくれています。長男は求職中。長女は、勤務先が遠方なため別居していますが、家計を助けてくれています。

勤務先には自転車で通っていますが、天気が悪い日や雪が積もっている日は、車で通わざるをえません。

収入	本人	月収16万円（手取り13万円）
	次女	給料のうち12〜15万円を家に
	計	**28万〜31万円**

支出	医療費	9万円
	借金返済	6万5000〜9万5000円
	食費	3万5000円
	自動車保険料、ガソリン代	2万5000円
	電気・ガス・灯油料金	3万3000円
	水道料金	5000円
	種・苗・肥料他（家庭菜園用）	2000円
	雑費	2万5000円
	計	**28万〜31万円**

【著者からのアドバイス】

困ったときには、家族みんなで力を合わせて乗り切ることが大切です。

同居している息子さんは、地方なのでなかなかよい就職先がなく、また個人的事情があるのかもしれませんが、早く仕事を見つけて月7万円くらいは家に入れてもらいたいところです。

苦しい家計が助かるだけでなく、自分で稼ぐということを若いうちから身につけておかないと、両親が面倒を見られなくなったときに自力で生きることができなくなってしまうかもしれません。

そして、今、まっ先に行わなくてはいけないのは、借金を返すこと。親戚からの借金は、事情が事情なので後に回して待ってもらうことができるでしょう。ただ、業者から借りたお金は、利息も含めて大きく増えていく可能性があるので、こちらからしっかり返済していきましょう。返済が難しいようなら、弁護士などに介入してもらい、調整してもらうことも考えたほうがいいでしょう。

お住まいの市町村にはおそらく「くらしの相談窓口」がありますし、「社会福祉協議会」「人権福祉センター」の弁護士による「法律相談」など、無料で相談できる場所がありますから、まずは、こうしたところで相談してみてはいかがでしょうか。全国の自治体が、様々なかたちでこうした無料法律相談を実施しています。

生活に困窮したら、日本司法支援センター（通称・法テラス）なども利用しましょう。無料相談だけでなく、必要に応じては弁護士や司法諸費費用の立て替えもしてくれます。こうした相談では、利息の減免も含めてきちんとした返済計画を立ててくれるので、生活立て直しの役に立つのではないかと思います。

幸いなことに、あなたの場合には、多いときで月に10万円近くは借金返済に回せています。奥様の病気の関係で、これ以上の金額を返済に回すというわけにはいかないでしょうが、息子さんには就職をがんばってもらい、少しでも借金は減らしておきましょう。

誰もがそうですが、不幸な状況に見舞われると、それだけで気持ちが萎えて合理的な判断ができなくなりがちです。精神的なプレッシャーに負けて、自暴自棄になってしまう方もいます。そして、そのままだと行き当たりばったりの生活になり、ますますお金が足りなくなって借金が増え、貧困状態になるという悪循環に陥ってしまいます。

それを断ち切るには、家族や専門家を交えて、「こうすれば何とか普通の生活に戻れる」という道筋を見出す努力をすることが大切です。道筋が見えれば、少々困難でも、希望も持てるので頑張ることができるのではないでしょうか。それは今、つらい思いをしている奥様の心をも落ち着かせ、闘病への勇気にもなるのではないでしょうか。

Q 親の介護についてはどこに相談すればいいか？

「親が高齢で最近物忘れが激しくなり、介護が心配になりそうです。こうした場合、どこで誰に相談すればよいのでしょうか」
（会社員・55歳）

高齢になると物忘れをするというのは普通にありますが、かなりひどくなっているようなら、まず、医者に連れていって診てもらったほうがいいでしょう。

そこで、介護が必要だということになったら、まず地域包括支援センターで相談をしてみましょう。地域包括支援センターでは、高齢者が可能な限り住み慣れた土地で安心して暮らせるように、本人だけでなく家族の相談にも乗ってくれます。

介護が必要になったら、プランを立て、介護サービスの調整や管理も行ってくれるケアマネージャーを探しましょう。ケアマネージャーのリストは、地域包括支援センターや市区町村の窓口でもらえます。

よりよい介護を受けるためには、ケアマネージャーがキーマンとなりますから、とても大切です。ケアマネージャーは、今までの生活やこれからどのような生活をしていきたいのか、趣味から近所付き合いまで確認しながら、ケアプランを作成してくれる、心強い味方です。

よいケアマネ探し、7つのポイント

では、どうすればよいケアマネージャーと巡り会えるのでしょうか。ケアマネ探しの7つのポイントを見てみましょう。

①インターネットで情報収集

厚生労働省が運営する「介護事業所検索」には事業所のリストがあり、ケアマネージャーの経験年数などがわかります。経験豊富な方と、若いやる気のある方のどちらがいいかは一概には言えませんが、まずはこうしたデータを参考にすると、どんな人がいるのかがわかります。

②クチコミ情報を集める

かかりつけの病院で医師や看護師、ソーシャルワーカーに、あるいはデイサービスを利用中のご近所や、ヘルパーとして働く知人などに、実際に評判のいいケアマネージャーを聞いてみましょう。実際に介護に従事している人の間では、評判も具体的でシビアなはずです。

③担当利用者数が多すぎないケアマネージャーを選ぶ

ひとりのケアマネージャーが、40～50人の利用者を担当していることもあります。人気のあるケアマネには実力派の方が多いですが、担当数があまりにも多いと、それぞれの利用者に関わる時間は少なくなるということも考えましょう。

④専門知識の豊富なケアマネージャーを選ぶ

介護保険について詳しいのは当然ですが、病状の進行や、介護保険以外で生活支援などを行うボランティア団体についても、質問してみましょう。

⑤様々な事業所を紹介してくれるケアマネージャーを選ぶ

多くのケアマネージャーはデイサービス事業所などの介護施設に所属していますが、自分の所属先を紹介するのがケアマネージャーの仕事ではありません。利用者の希望に沿った選択肢を提供してくれる方を選びましょう。

利用者に合わせて介護事業者を選ぶケアマネージャーは、その経験からたくさんの施設を知っています。

⑥気持ちに寄り添ってくれるケアマネージャーを選ぶ
いいケアマネージャーほど利用者を多く抱え、多忙です。それでも、丁寧に家族の話を聞いてくれる方を選びましょう。

⑦利用開始後も変更可能
あとから問題が見つかりケアマネージャーを変えたい場合は、自治体の窓口に相談してください。いつでも変更できます。

ケアマネージャーは、今までの生活やこれからどのような生活をしていきたいのか、趣味から近所付き合いまで確認しながら、ケアプランを作成してくれる、心強い味方です。

ここがポイント！
自分ひとりでは悩まない。まず、地域包括支援センターで相談し、さらに心強いケアマネージャーを味方につけるために、情報を収集することから始めましょう。

Q

会社を辞めずに介護を続ける方法

「同居中の親が、介護状態になりました。施設が満員で入れず、妻も介護疲れしています。私が仕事を辞めて面倒を見なくてはならないのでしょうか」

（会社員・56歳）

今、親の介護のために介護離職をする人が約10万人いるといわれています。その大部分は元の職場には復職できていません。そうなると、収入もかなりダウンしてしまいますから、なるべく離職しない方向で頑張ってみましょう。

そこで頼りになるのが、デイサービス（通所介護）です。デイサービスとは、介護が必要なお年寄りを預かってくれる通いの施設で、イメージ的には保育園に子どもを預けるように、朝お年寄りを預けて、夕方引き取りに行き、日中は食事をさせてもらったり、遊ばせてもらったりする施設。自宅までの送り迎えもしてくれます。

10人のお年寄りに対して、3〜4人の介護者がついて、食事や入浴など日常生活上の支援をしてくれ、レクリエーションなどで生活機能を上げる訓練などもしてくれます。

要支援・要介護の人が受けられるサービスで、介護保険の範囲内なら1割の自己負担

（人によっては2割）で利用できます。しかも、2012年から、介護保険の範囲内で最長12時間までサービスを受けられるようになっています。

ですから、施設にもよりますが、朝9時に施設から迎えに来てもらい、夜の9時まで施設に滞在できるというところも出てきています。

加えて、2015年度の介護報酬改定を議論している厚生労働省の諮問《しもん》機関の社会保障審議会には、この最大12時間未満としている預かり時間を、さらに延長する提案も出てきています。

郵便局よりもたくさんあるデイサービス

介護施設は、かなりのところが満員で、最もポピュラーでリーズナブルな特別養護老人ホームなどは、空きを待つ待機老人が53万人もいるといわれています。

今までは、要介護1〜5までの人は、特別養護老人ホームに入居できました。ところが、2015年4月からは、要介護3以上でないと、特別養護老人ホームには入居できなくなりました。

つまり、介護が必要でも、要介護1、要介護2に認定されている人は、自宅で介護するか、特別養護老人ホーム以外の介護施設を探さなくてはならなくなっています。そんな中、すぐに施設に入れないという人の強い味方となってくれるのが、デイサービスです。

現在、デイサービスの事業所は、全国に3万7000施設あります。郵便局が全国で約2万4000店舗なので、郵便局よりもたくさんあるということです。

ちなみに、いま全国にあるコンビニの数は約5万4000店舗。コンビニは本当にどこにでもあるという気がしますが、デイサービスはそのコンビニの約7割もあるのですから、これはかなり多い。しかも、その数は、どんどん増えています。

2009年には全国約2万4000施設ありましたが、5年の間に3万7000施設になり、1・5倍以上増えています。ところが、これに対して、利用者の数は2009年には約89万1000人でしたが、現在120万人弱と、約1・3倍しか増えていません（厚生労働省・介護給付費実態調査報告）。

つまり、利用する高齢者の数よりも事業所の数のほうが多くなっているということで、どこでも入れるどころか、競争が激しくサービス合戦の様相を呈しています。これは、利用する側にとってはうれしいことですね。

ヘルパーサービスやショートステイを組み合わせる

デイサービスの料金は、基本報酬と加算のふたつから成り立っています。たとえば要介護3の人が、1日デイサービスに行くと食費その他を含めて1万円以上かかりますが、介護保険を使うと1割負担なので、自己負担は1000円ちょっと。ですから、月に20日、日中だけ預かってもらっても2万円ちょっとの負担で済みます。

在宅介護をする場合には、デイサービスだけでなく、必要に応じてヘルパーサービスも使えます。また、家族の介護疲れを癒すために介護対象の方を一週間程度預かってくれるショートステイなどという仕組みもあります。

施設が足りない中、政府も在宅介護には力を入れていますから、こうしたものを上手に組み合わせながら、なるべく仕事を辞めなくてよい体制づくりをしましょう。

ここがポイント！

在宅でも、様々なサービスが出てきています。こうしたものを駆使して、なるべく仕事を続けながら介護もできる体制づくりをしていきましょう。

Q 介護でかかる費用を知りたい

「20年ほど前に親の介護で多額の費用がかかった経験があるので、自分が介護状態になったときの費用が心配です。どれくらい必要でしょうか」
（年金生活者・72歳）

将来、自分が介護されることになったら、どれだけお金がかかるか心配で、お金が使えないという年金生活者の方は多いようです。確かに、介護にはお金がかかります。けれど、皆さんが想像するほどにはかかっていないようです。

生命保険文化センターが、2012年に全国で約4000人を対象に行った「生命保険に関する全国実態調査」では、世帯主または配偶者が要介護状態となった場合、公的介護保険以外に必要と考える資金は総額で3285万円というのが平均でした。その前に行った同じ調査では、3523万円だったので、これに比べると238万円低くなってはいるものの、3000万円を超えるお金が「介護」で必要になると考えている方が多いようです。

費用の内訳を見ると、初期費用で必要なのが262万円、月々が17万2000円。また、介護が必要だと予想される期間については14年1ヶ月というのが平均値でした。つまり、この期間を費用にかけると3285万円にもなり、将来、介護が必要になりそうだと思う人は、これくらいの費用はかかってもおかしくないと思っているということです。

介護保険で、負担は軽減される

介護では、ひとり3000万円以上の費用がかかると思っている人が多いようですが、では、実際にはどれくらいの費用がかかるのでしょうか。

実は、同じアンケートで、実際に介護を経験した人にかかった費用を聞いています。これによると、平均で「介護」に要した期間は、約56・5ヶ月。つまり、4年9ヶ月。そして、一時的にかかった費用は平均で91万円。月々にかかった費用は、平均は7・7万円。

つまり、トータルすると、「介護」で実際にかかった費用は約526万円。約500万円ちょっとということになります。しかも、介護期間も平均では5年を切っています。

介護を経験したことがない人が予想する介護費用は3000万円ですから、なんと実際にかかる費用の平均の約6倍。あまりのギャップの大きさに驚きます。

なぜ、こんなに予想と現実に開きがあるのかといえば、介護保険のことをよく知らない

要介護度別の状態区分と支給限度基準額

状態区分	状態区分	支給限度基準額
【要支援】	ほぼ自立している、ときどき介護を要する場合があるなど社会的支援が必要	1は 50,030円 2は104,730円
【要介護1】	日常生活で何らかの介助を必要するなど、部分的に介護が必要	166,920円
【要介護2】	移動および排泄、食事など、ごく軽度の介護が必要	196,160円
【要介護3】	日常生活全てにおいて、介護が必要であるなど、中度等の介護が必要	269,310円
【要介護4】	理解力の低下や、問題のある行動が見られるなど、重度の介護が必要	308,060円
【要介護5】	意思の伝達能力の低下、寝たきりなど、最重度の介護が必要	360,650円

人が多いからでしょう。

冒頭の質問者の方は、20年前に親の介護を実際にしました。このときには、まだ介護保険はありませんでした。介護保険が施行されたのは2000年4月からですから、介護保険以前に親の介護などをした方は、かなりの負担になったことでしょう。

その経験があったり、親などからそうした話を聞かされているので、介護には3000万円くらいはかかると思っている方が多いのではないでしょうか。

ただ、介護保険では、介護状況がどれくらいなのかの認定を受け、それによって保険が使える限度額が決まります。普通の人なら、この限度額まではかかった費用の1割負担になります。たとえば、要介護3の人なら、デイサービスその他で月に26万9310円まで使っても、自己負担は2万6931円ということです。

ただし、現役並みの収入がある人は自己負担率が上がりますが、それでも2割負担。つまり、介護保険のことをよく知っておけば、資金面では、思うほどには負担が増えないということです。

ここがポイント！

今は、介護保険があるので、以前親の介護をしたときほどには介護費用はかかりません。介護保険があることと、自己負担について知っておけば安心です。

Q

高齢者の施設について教えて

「今はまだ元気ですが、将来のことを考えると、老人ホームや介護施設への入居も考えなくてはなりません。どんな施設があるのでしょうか」

（会社員・60歳）

まだ元気なうちに、将来のことを考えて入居する施設の代表的なものが、老人ホームです。老人ホームにかかる費用や施設は、ピンからキリまでありますが、できれば住み慣れた街で、家族も近くに住んでいるところが望ましいでしょう。

当初は、「大自然の中でのんびり暮らしたい」と思っても、10年経つと「買い物に便利なところ」「病院に近いところ」など、身体が動かなくなるに従って望みも変わってきます。ですから、今だけでなく、10年後の状況も考えて選ぶようにしましょう。

また、入居申し込みをする前に、入居一時金や月額利用料、その先の介護費用など無理なく払えるか計算しておきましょう。いったん入居するとずっといることになる可能性がありますから、できれば施設見学や体験入居をさせてもらい、スタッフの対応や入居者の状況などを観察しましょう。

人気のサービス付き高齢者住宅は、ネットでも探せる

最近は、通常の賃貸よりも少し高いけれど、単身や夫婦だけの高齢者世帯が安心して住めるサービス付き高齢者向け住宅も人気です。また、施設の数も急増しています。

サービス付き高齢者住宅は、ハード面では、バリアフリーや手すりの設置、車椅子でも移動できる幅広い廊下など高齢者が暮らしやすいゆったりした空間のやさしい設計になっています。ソフト面では、社会福祉法人、医療法人、指定居宅サービス事業所等の職員などケアの専門家が、安否確認サービスや生活相談サービスなどを行います。

また、施設によっては医師や看護師、介護福祉士などのバックアップも受けることが可能。ここで在宅介護を受けることもできます。

選ぶときには、部屋を見るだけでなく、食事サービスがあるか（サービスがないところもあります）、介護や看護が24時間対応になっているか、認知症患者にも対応してくれるかなどを確認するといいでしょう。

登録されたサービス付き高齢者住宅については、都道府県などの窓口で登録名簿が閲覧できます。情報は、ホームページ（「サービス付き高齢者向け住宅情報提供システム」http://

www.satsuki-jutaku.jp）でも探せます。

状況に応じて、様々な施設がある

介護が必要になってから入る施設としては、最初に検討したいのが特別養護老人ホーム（介護老人福祉施設）や介護老人保健施設、介護療養型医療施設などです。

特別養護老人ホームは、日常生活の世話や機能訓練などの介護サービスが受けられ、生活の場として活用されています。介護保険の1割負担を利用すれば、月2万〜3万円で利用できますが、これとは別に賃料や食事代が月5万〜10万円かかるので、合計で月7万〜13万円かかります。サラリーマンなら、もらっている年金の範囲内で何とかなる人も多いでしょう。ただし現在、施設が不足していて入居は大変。さらに、2015年4月からは、新規の入居者については、一部例外を除いて、要介護3以上でなければ入れなくなっています。

介護老人保健施設や介護療養型医療施設での費用は、リハビリや医療行為を行うぶん、特別養護老人ホームよりも少し高くなります。

介護老人保健施設は、医師の管理のもとでリハビリテーションなどが進められ、家庭に帰ることを目的に入居するので、入居期間は3～6ヶ月。かかる費用は特別養護老人ホームと同じくらいですが、別に医療費がかかります（月1万～4万円程度）。

介護療養型医療施設は、医療を必要とする方向けの施設で、病状が安定していて長期にわたる介護が必要な方が入院しています。費用は、月8万～14万円。ただし別途、医療費がかかります。

さらに、グループホーム、ケアハウスなどもあります。グループホームは、認知症の高齢者が5～9人で共同生活をする施設で、施設と同じ市区町村に住んでいる人を対象とする地域密着の施設です。ケアハウスは介護は不要だけれど身体機能の低下などでひとりで暮らすのに不安な人で、家族の援助が受けられないという人が対象の施設で、軽度の介護サービスがついています。

ここがポイント！

老後にどんな暮らしをするのか。施設選びは、今の希望だけでなく、10年後、20年後の自分たちの生活も考えて慎重にしましょう。

Q

30年先、子どもには頼れないが……

「親の介護の次は、自分たちの介護が待っています。まだ30年先ですが、子どもには頼れないし、その頃はどうなっているのか心配です」

（会社員・45歳）

あなた自身の介護については、あまり心配はないでしょう。なぜなら、あと30年といえば2046年ですが、その頃には団塊の世代が他界して高齢者の数が減少に転じています。日本では、2025年に団塊の世代が75歳になり、2040年に90歳になります。ここが、高齢者の数のピークだといわれていて、第2次ベビーブームという山はあるものの、団塊の世代への対応で増やした設備にも介護従事者がいるので、かなり余裕が出てくるのではないかと思います。そうなると、今は入居が難しい特別養護老人ホームも、意外とすんなり入居できるかもしれません。

現在、特別養護老人ホームでは、入所を待つ待機老人が52万人もいます。けれど、この老人の数も、2042年の3878万人をピークに減り始めます。

今から30年前には、子どもの数が多くて大学も狭き門で、激しい受験戦争が展開されていましたが、今では少子化で大学も定員割れして経営破綻するところも出てきています。これと同じように、高齢化のピークが過ぎると、それまでのような数の病院も介護施設も必要なくなります。

しかも、その頃には医学も進歩し、認知症なども治る病になっているかもしれません。30年後には、平均寿命が100歳になっているという医学関係者もいるくらいですから、たぶん75歳になったあなたが介護を必要とする可能性も低いでしょう。

10年後くらいからは、医師が余ってくるかも

これから10年後は、施設への入居が不可能でも、自宅で手厚い介護が受けられる可能性もあります。なぜなら、いま決定的に不足している医師や看護師が、その頃にはかなり増えていて、介護の現場で働いている可能性もあるからです。

今まで、各大学では医師不足を解消するために、政府の政策として医師を増やしてきました。毎年、数百人単位で医師が増えています。

一人前の医者になるには10年かかるといわれていますから、この医師たちが一人前に働き始める2025年くらいからは、医師不足は解消する見込みです。しかも、その先には

高齢者が減り続ける状況が出てくるので、増えていく医師と減る患者のミスマッチで、医師余りの時代がくるかもしれないといわれています。

余りそうなのは、医師ばかりではありません。人材不足といわれてきた看護師も、20年から30年後には、余ってくる可能性があります。

看護師バブルがやってくる？

今まで看護師は、圧倒的に不足していました。そのため、看護師の育成が急がれ、1991年には11校しかなかった看護大学や大学の看護学科が、2014年にはなんと228校にも増えました。入学定員数も、1991年には558人だったのが、今や2万人近くになっています。

こうして育成された看護師が、どんどん社会に出てきますから、10年後には14万人もの看護師が余剰になるのではないかと推計されています。

医師や看護師を志して資格を取得して働いている人は、数が増えたからといっても、今の仕事を辞めてスーパーのレジやファミレスの裏方に転職する可能性は低い。確実に30年後には病院の数も減っているので、自らのキャリアを活かすために、訪問介護の医師や看護師として介護の世界に入ってくることも予想されます。

そういう意味では、今、介護の現場では看護のスペシャリストが不足していますが、将来的には、介護の現場でも頼もしいお医者様や看護師さんたちが活躍してくれている可能性があるということです。

さらに、今、介護士の国家資格を持ちながら、現場で働いている人は全体の約6割といわれています。今後、介護現場の給料が上がったり待遇改善などがなされれば、こうした人も介護に携わる可能性があります。

そういう意味では、あなたが介護を受ける状況になったら、手だてはいろいろと出てくるかもしれません。


ここがポイント！

30年後の75歳は、介護など必要ないくらい元気かもしれないし、介護が必要になっても施設や医者や看護師の不足は、解消されているかもしれません。

Q

親が認知症になったときの財産管理は？

「父親に認知症の兆候が見え始めています。先日も、訪問販売で10万円もする物干し台を買い、驚きました。どうすればいいのでしょうか」

（会社員・58歳）

厚生労働省のデータによれば、介護保険制度を利用している認知症患者は、全国で約280万人。要介護の認定は受けていないけれど、症状がある患者は約160万人。正常と認知症の中間にある人は約380万人。合計すると、約820万人に何らかの認知症の症状があるとのこと。

つまり、65歳以上の10人に3人がこうしたケースに該当するということで、もはや認知症は特別な病気ではなくなっているようです。

認知症が進むと、自分の財産も、自分で管理できなくなります。また、判断力が鈍っているのにつけ込まれて、財産を流用、詐取《さしゅ》されたり、商品を売りつけられるケースが出てきています。

本来なら犯罪として届け出れば相手が罰せられるようなケースでも、本人の記憶が曖昧で事実関係がはっきりしないままに立証できないケースも出てきています。

ですから、本人の記憶が曖昧なことにつけ込み、買ってもいないものを送りつけて代金を請求したり、必要でもないリフォームを高額で行ったり。金融機関でも、判断力が危ぶまれるご老人に、リスクの高い金融商品を売りつけるという、金融商品取引法で禁じられていることを平気でするケースが後を絶ちません。

中には、身内が無断で高齢者の財産を引き出すということも起きています。

「成年後見制度」なら、独り身になっても金銭を管理してもらえる

皆さんは、「成年後見《こうけん》制度」をご存じですか？

この制度は、何かを判断する能力が鈍くなったために自分の財産を管理・運用できなくなったり、生活まわりの様々な契約、福祉サービスの利用契約などが自分ですみやかにできなくなった人のために、2000年に導入された制度です。

「成年後見制度」には、認知症で判断能力がなくなる前に自分が成年後見人を決め、財産をどうするか、どんなサービスをしてもらうのかをあらかじめ指示する「任意後見制度」と、判断能力がなくなった後に、家庭裁判所によって選ばれた人が成年後見人となる「法

定後見制度」があります。

この制度を利用するためには、本人や配偶者、四等親内の親族が、裁判所に申し立てをします。ただ、最近は身寄りのない独り身のご老人も増えています。こうした方は、市区町村長が申し立てができることになっています。

ちなみに、2010年で見ると、ほぼ10人にひとりは市区町村長からの申し立て。しかも、身寄りのないご老人は、年々増えているようです。

裁判所は申し立てを受けたら、申立人、本人、後見人候補者に審問や調査、鑑定などを必要に応じて行い、成年後見人を選出して任命します。

民間の信託銀行も、要望に添って管理する

成年後見人の多くは、家族または親族などですが、弁護士や司法書士など専門的な知識を持っている人に頼むケースも増えています。また、民間でも、NPOなど様々な引き受け団体ができています。

成年後見人の多くの方は、まじめに本人のケアをしてくれるのですが、中には成年後見制度を悪用して、財産を流用する犯罪なども起きているので、選ぶときには慎重にすべき

でしょう。中には、親子が不仲で、認知症を発症したことをいいことに娘夫婦など身内が勝手にお金を引き出して使ってしまうというケースも出てきています。

そうしたトラブルを防ぐには、認知症になる前に、自分の財産の使い道をあらかじめ決めておける「個人信託」という契約があります。これは、民間の信託銀行などにお金を預け、「認知症でわからなくなっても、施設の費用は毎月きちんと払ってほしい」とか「自分の死後に、家族に毎月お金を渡してほしい」などという要望を実施してもらう契約です。

たとえば、三菱UFJ信託銀行の「ずっと安心信託」は、200万円から利用できます。手数料は、預かったお金を運用して利益を出したものを充てるので取らないというところと、あらかじめ決まっているところがあります。

こうしたところと契約してお金を管理してもらっておけば、本人以外には、引き出しにくくなるはずです。

ここがポイント!
老後の金銭トラブルは、認知症の兆候が見えたら、早めに避ける手だてを。身内だけでなく、第三者に管理してもらうことも考えたほうがいいかもしれません。

【取材レポート③　ギリギリの家計で生き抜く人々】

収入が少なく、母親の介護に追われる日々

――新山《にいやま》孝さん（仮名・52歳男性・埼玉県在住）

母親85歳、姉55歳と同居。一部上場会社の社員だったが、リーマン・ショックのときに身体障害者・要介護度5だった父親を在宅介護中、リストラに遭いました。その後、求職中に父親が83歳で亡くなりましたが、その直後より今度は母親（要介護度5）が認知症のため、在宅での見守りが必要になりました。

そのため、現在はフルタイムでの仕事ができなくなり、家庭教師のアルバイトの収入のみです。家庭教師は週6回、1回当たり1〜1・5時間、中1〜3の子を計6名見ています。指導代を1回ごとに2000〜3000円もらっています。

母親は、介護保険で週4回（月・火・木・土）デイサービスに通っています。デイサービスの日は、朝に着替え、トイレ・食事介助をし、夕方も着替え、トイレ・食事介助をし、夜から翌朝は見守りをします。その他の日（水・金・日）は、昼にトイ

収入		
	本人の収入	約6万5000円（家庭教師代が6万程度、介護者手当が3000円、アンケート謝礼等が2000円程度）
	母親の収入（年金）	約17万円
	計	**約23万5000円**

支出		
	光熱費	約2万5000円
	通信費	約1万円
	本人の医療費	約4000円
	母親の介護・医療費	約3万3000円
	飲食費	約8万8000円
	姉の小遣い	5万円
	新聞代	4037円
	保険料	1445円
	税金	約6000円
	その他	約2万円
	計	**約24万1000円**

レ・食事介助と一日中の見守りが加わるかたちです。姉も着替え、トイレ・食事介助を手伝ってくれているほか、買い物、夕食準備、洗濯は姉がやってくれています。

これから固定費削減に努めるとともに、家庭教師以外にもう一つアルバイトを探して収入源を得たいと思います。失業後2～3年は四六時中惨めに感じながら生活していましたが、たまたま現在の苦しい状況をどう乗り越えればよいかというテーマで本を出版しないかという話があり、目標ができたので頑張ることができました。

【著者からのアドバイス】

誰でも、それまで自分が一生懸命やって

きた仕事や真剣に愛していた恋人、頼っていた家族などを失うと、喪失感に打ちのめされます。悲しい思いにさいなまれ、自分が悪かったのではないかという自責の念に駆られて惨めさから立ち上がれなくなります。

けれど、その悲しみは、時間が経つにつれて徐々に薄まっていきます。なぜなら、人には誰にも、生きる力が備わっているからです。

苦しいときはすべてを投げ出したくなりますが、そこで生きていくことを投げ出さず、踏ん張って少しでも前に進もうとすれば、そうやって踏ん張る自分が愛おしく感じられるようになり、自分を自分で愛おしく感じられることで自信が育まれていきます。

新山さんが、絶望の中から立ち上がり、前向きに生きておられるのは、それに気づいたからでしょう。それに気づくことができた人は、この先にどんな苦しいことが待ち受けていようと、事態を客観的に処理していけるはずです。

あとは、現状をどう解決していくかです。

家計を見ると、食費8万8000円、お姉さんのお小遣い5万円が突出して多いようですが、これには理由があるのでしょうか。それぞれ半分ずつにできれば、赤字家計も解消し6万円ほどの余裕が出るはずです。

お母さんの介護は大変でしょうが、お姉さんもまだ55歳ですから、デイサービスにお母さんを預けている間でも少し働くことはできないでしょうか。今はお母さんの年金があるのでふたりとも食べていけますが、お母さんは高齢なので早く他界する可能性があります。そうなっても困らない準備を、今からしておいたほうがいいでしょう。

介護があるので外に出てする仕事ができないというなら、今は、ネットで仕事ができるクラウド・ソーシングという仕組みもあります。これなら、金額は多くないかもしれませんが、手があいたときに内職感覚で仕事ができると思います。

もちろん、私がいろいろと言わなくても、そのへんのことは考えておられるでしょう。持ち家のようですから家賃の心配はないようですし、いざとなれば家を売却してまとまったお金を手にすることもできるでしょう。

こうしたことも含めて、あと30年、自分たちが生きていくために今、どんなことをしておけばいいのかを、ざっくりでいいので計画してみましょう。ある程度の目安ができると、それに向かって頑張れるものです。

荻原博子　おぎわら・ひろこ
1954年、長野県生まれ。経済事務所に勤務後、82年にフリーの経済ジャーナリストとして独立。家計経済のパイオニアとして、難しい経済と複雑なお金の仕組みを、生活に根ざしてわかりやすく解説する第一人者として活躍。著書に『荻原博子のどんと来い、老後！』（毎日新聞出版）、『十年後破綻する人、幸福な人』（新潮新書）など。テレビ出演や雑誌連載も多い。

朝日新書
556

隠《かく》れ貧《ひん》困《こん》

中流《ちゅうりゅう》以上《いじょう》でも破綻《はたん》する危《あぶ》ない家計《かけい》

2016年3月30日第1刷発行
2016年4月30日第3刷発行

著　者　荻原博子

発行者　首藤由之
カバーデザイン　アンスガー・フォルマー　田嶋佳子
印刷所　凸版印刷株式会社
発行所　朝日新聞出版
〒104-8011　東京都中央区築地5-3-2
電話　03-5541-8832（編集）
　　　03-5540-7793（販売）

Published in Japan by Asahi Shimbun Publications Inc.
ISBN 978-4-02-273656-7
定価はカバーに表示してあります。

落丁・乱丁の場合は弊社業務部（電話03-5540-7800）へご連絡ください。
送料弊社負担にてお取り替えいたします。